U0934996

崇文国学经典

论语

杨逢彬　译注
杨柳岸　评鉴

微信/抖音扫码查看

☑ 国学大讲堂
☑ 经典名句摘抄
☑ 国学精粹解读

长江出版传媒｜崇文书局

图书在版编目（CIP）数据

论语 / 杨逢彬译注 ; 杨柳岸评鉴 . -- 武汉 : 崇文书局, 2023.4（2024.5 重印）
（崇文国学经典）
ISBN 978-7-5403-7153-1

Ⅰ. ①论… Ⅱ. ①杨… ②杨… Ⅲ. ①儒家②《论语》—译文③《论语》—注释 Ⅳ. ①B222.25

中国国家版本馆 CIP 数据核字 (2023) 第 042825 号

出品人　韩　敏
丛书统筹　李慧娟
责任编辑　郑小华
责任校对　董　颖
装帧设计　甘淑媛
责任印制　李佳超

论语
LUNYU

出版发行　长江出版传媒 | 崇文书局
地　　址　武汉市雄楚大街 268 号 C 座 11 层
电　　话　(027)87679712　邮政编码　430070
印　　刷　湖北画中画印刷有限公司
开　　本　880mm×1230mm　1/32
印　　张　9.125
字　　数　220 千
版　　次　2023 年 4 月第 1 版
印　　次　2024 年 5 月第 2 次印刷
定　　价　59.80 元

总　序

现代意义的“国学”概念，是在19世纪西学东渐的背景下，为了保存和弘扬中国优秀传统文化而提出来的。1935年，王缁尘在世界书局出版了《国学讲话》一书，第3页有这样一段说明：“庚子义和团一役以后，西洋势力益膨胀于中国，士人之研究西学者日益众，翻译西书者亦日益多，而哲学、伦理、政治诸说，皆异于旧有之学术。于是概称此种书籍曰‘新学’，而称固有之学术曰‘旧学’矣。另一方面，不屑以旧学之名称我固有之学术，于是有发行杂志，名之曰《国粹学报》，以与西来之学术相抗。‘国粹’之名随之而起。继则有识之士，以为中国固有之学术，未必尽为精粹也，于是将‘保存国粹’之称，改为‘整理国故’，研究此项学术者称为‘国故学’……”从“旧学”到“国故学”，再到“国学”，名称的改变意味着褒贬的不同，反映出身处内忧外患之中的近代诸多有识之士对中国优秀传统文化失落的忧思和希望民族振兴的宏大志愿。

从学术的角度看，国学的文献载体是经、史、子、集。崇文书局的这一套国学经典，就是从传统的经、史、子、集中精选出来的。属于经部的，如《诗经》《论语》《孟子》《周易》《大学》《中庸》《左传》；属于史部的，如《史记》《三国志》《资治通鉴》《徐霞客游记》；属于子部的，如《道德经》《庄子》《孙子兵法》《山海经》《黄帝内经》《世说新语》《茶经》《容斋随笔》；属于集部的，如《楚辞》《古诗十九首》《古文观止》。这套书内容丰富，而分量适中。一个希望对中国优秀传统文化有所了解的人，读了这些书，一般说来，犯常识性错误的可能性就很小了。

崇文书局之所以出版这套国学经典，不只是为了普及国学常识，更重要的目的是，希望有助于国民素质的提高。在国学教育中，有一种倾向需要警惕，即把中国优秀的传统文化"博物馆化"。"博物馆化"是20世纪中叶美国学者列文森在《儒教中国及其现代命运》中提出的一个术语。列文森认为，中国传统文化在很多方面已经被博物馆化了。虽然中国传统的经典依然有人阅读，但这已不属于他们了。"不属于他们"的意思是说，这些东西没有生命力，在社会上没有起到提升我们生活品格的作用。很多人阅读古代经典，就像参观埃及文物一样。考古发掘出来的珍贵文物，和我们的生命没有多大的关系，和我们的生活没有多大关系，这就叫作博物馆化。"博物馆化"的国学经典是没有现实生命力的。要让国学经典恢复生命力，有效的方法是使之成为生活的一部分。崇文书局之所以坚持经典普及的出版思路，深意在此，期待读者在阅读这些经典时，努力用经典来指导自己的内外生活，努力做一个有高尚的人格境界的人。

国学经典的普及，既是当下国民教育的需要，也是中华民族健康发展的需要。章太炎曾指出，了解本民族文化的过程就是一个接受爱国主义教育的过程："仆以为民族主义如稼穑然，要以史籍所载人物制度、地理风俗之类为之灌溉，则蔚然以兴矣。不然，徒知主义之可贵，而不知民族之可爱，吾恐其渐就萎黄也。"(《答铁铮》)优秀的传统文化中，那些与维护民族的生存、发展和社会进步密切相关的思想、感情，构成了一个民族的核心价值观。我们经常表彰“中国的脊梁”，一个毋庸置疑的事实是，近代以前，“中国的脊梁”都是在传统的国学经典的熏陶下成长起来的。所以，读崇文书局的这一套国学经典普及读本，虽然不必正襟危坐，也不必总是花大块的时间，更不必像备考那样一字一句锱铢必较，但保持一种敬重的心态是完全必要的。

期待读者诸君喜欢这套书，期待读者诸君与这套书成为形影相随的朋友。

陈文新

（教育部长江学者特聘教授，武汉大学杰出教授）

前　言

读者手中的这部《论语》的译注部分是《论语新注新译》的简写本，而后者是迄今为止在注释《论语》疑难词句方面做得最为精准的。

至于本书的评鉴，是在通观《论语》，综合把握孔子思想的基础上做出的。它用平实的语言，对散在各篇、似乎漫无纲纪的《论语》原文予以疏解，使之呈现出“一以贯之”的思想性格，使得相距遥远且不那么好理解的思想变得亲切而可贴近。对相关典籍，历代注家、现代学者的著作博采而不拘泥，求真而不求新。评鉴的重点，在于理解孔子的思想；方法是文本分析，源流考辨；同时补充史实、典故，使得每篇评鉴既有筋骨，又有肌肤血肉。评鉴的基本态度，正如陈寅恪先生所言，是“同情之理解”；即站在古人的立场，从思想史的视角解读孔子，同时将那些对当今之世有启发借鉴意义的内容发明出来，以供读者参考。

书末附以“《论语》中的成语、熟语”“《论语》中的名言名句”，便于读者观览、引用。

既然本书译注部分是简写本，就有必要介绍一下作为母本的《论语新注新译》。该书书名原为《〈论语〉译注与考证》，杨逢彬著，2016年由北京大学出版社（后文简称“北大出版社”）出版。

为什么说该书“是迄今为止在注释《论语》疑难词句方面做得最为精准的”？简言之，一是下了苦功夫，二是掌握了考释疑难词句的诀窍。所以，郭锡良先生认为该书可与杨树达先生《论语疏证》、杨伯峻先生《论语译注》“鼎足而三”。

该书从2004年我在武汉大学国学实验班讲授《论语》时开始撰写，到2016年上半年由北大出版社出版，历时12年，其中95%的精力，都花费在书中一百几十项考证上。因为运用电脑软件做了例句搜罗等工作，相当传统做法的几十年功夫。书中也有杨柳岸的研究成果，如3.5“夷狄之有君，不如诸夏之亡也”的考证。

至于所谓“诀窍”，还烦请读者耐心细读下文。

自古以来，考释古书疑难词句做得最好的，公认为是清代的王念孙、王引之父子，这是没有争议的。王氏为什么能做得最好？用陈寅恪先生誉为“当今文字训诂之学第一人”的两位著者的祖父、曾祖父杨树达先生的话来说，就是能“审句例”：

> 前人于训诂之学有一大病焉，则不审句例是也。大言之，一国之文字，必有一国之句例；小言之，一书之文字，必有一书之句例。然古人于此绝不留意，但随本文加以训诂，其于通例相合与否不之顾也。故往往郢书燕说，违失其真，至可惜也。王氏说经乃始注意及此，故往往据全书通例以说明一句之义，故往往泰山不移。

什么叫“审句例”？就是“据全书通例以说明一句之义”。以王氏“审句例”最成功也最著名的作品为例：

> 家大人曰：“《终风篇》：‘终风且暴。’《毛诗》曰：‘终日风为终风。’《韩诗》曰：‘终风，西风也。’此皆缘词生训，非经文本义。‘终’犹‘既’也，言既风且暴也。……《燕燕》曰：‘终温且惠，淑慎其身。’《北门》曰：‘终窭且贫，莫知我艰。’《小雅·伐木》曰：‘神之听之，终和且平。’（《商颂·那》曰：‘既和且平。’）《甫田》曰：‘禾易长亩，终善且有。’《正月》曰：‘终其永怀，又窘阴雨。’‘终’字皆当训为‘既’。”

王氏用《诗经》中“终温且惠”“终窭且贫”“终和且平”“终善且有”等句子，总结出“终～且～”的格式（句例），“终风且暴”既然同属这一格式，句中的“终”当然也和其他句子中的“终”一样，是类似“既”的意思，“终风且暴”大致就是“既风且暴”的意思。

以上，就是王氏的诀窍。杨树达先生从语法学的角度总结说：

> 其书虽未能成为系统整然之文法学，而文法学材料之丰富与精当，固未有过之者也。盖王氏父子文法观念之深，确为古人所未有，故其说多犁然有当于人心也。

原来，王氏父子之所以“独开百年来治学之风气”（杨树达先生语，见《词诠·序例》），乃是因为他们具有“文法观念”！“文法”，今称“语法”，是语言的组织结构。研究语言组织结构的科学，就是语法学。不能设想，对某种语言组织结构不了解，而能精通该语言。古汉语是现代汉语的来源，研究古汉语必须对其语法特点有所了解，这是不言而喻的。杨树达先生自己“审句例”的最著名例子见于《汉书窥管》：

> 《汉书·金日磾传》：“赏为奉车，建驸马都尉。”王念孙曰：“‘车’下有‘都尉’二字，而今本脱之。……”树达按：此因下“都尉”二字省。《类聚》《御览》有“都尉”二字，乃二书补足之耳。《儒林传》云：“上于是出龚等补吏，龚为弘农，歆河内，凤九江太守。”“弘农”“河内”下各省“太守”二字。《王莽传》云：“又置师友祭酒及侍中谏议六经祭酒各一人，凡九祭酒。琅琊左咸为讲《春秋》，颍川满昌为讲《诗》，长安国由为讲《易》，平阳唐昌为讲《书》，沛郡陈咸为讲《礼》，崔发为讲《乐》祭酒。”讲《春秋》、讲《诗》、讲《易》、讲《书》、讲《礼》下各当有“祭酒”二字，因下“讲《乐》祭酒”字而省。又《翟方进传》云：“其《左氏》则国师刘歆，音律则长安令田终术师也。”“刘歆”下省“师”字，与此亦略同。《魏志·董卓传》云：“以暹为征东，才为征西，乐为征北将军。”“征东”“征西”下各省“将军”二字，亦袭此句法。

《论语新注新译》下的苦功夫，同样是“审句例”：

> 《学而》：“贤贤易色。”“易”有两解，一为“交换”，一为“轻视”，我们取后者。因为，那一时代，表达“用……交换……”，大多用“以……易……”句式，例如：“以乱易整，不武。”（《左传》）“以羊易之！……以小易大，彼恶知之？”（《孟子》）偶尔也用“易之以……”或“与……易……”句式。例如：“我非爱其财而易之以羊也。”（《孟子》）“逢丑父

与公易位。”（《左传》）可见，如果释“易”为“交换”，则当为“以贤贤易色”。简言之，“易”的这一意义，必须与介宾结构共现。而“易”表“轻视”，都是“易”直接接宾语。例如：“贵货易土，土可贾焉。”“晋师败绩，易秦故也。”（均见《左传》）“贤贤易色”句式正同“贵货易土”，是两个谓宾结构组成的联合结构。

赵纪彬《论语新探》说《卫灵公》的“有教无类”的“有”通“域”。我们仿效王氏释“终风且暴”的方法，通过“有币无牲”“有死无二”“有备无患”“有基无坏”“有礼无败”“有常刑无赦”“有优无匮”“有逸无罢”等同一时代书证的汇集，归纳出“有～无～”的格式（句例）。“有教无类”即属该格式，其中“有”是“有无”的“有”，可见赵说不确。

《尧曰》：“择可劳而劳之，又谁怨?”几乎所有注本都将“谁”解作主语，译为“又有谁来怨恨呢”。我们认为，这句的“谁”是前置的宾语（上古时代，疑问代词“谁”“何”做宾语，一般位于谓语动词前面）。类似句子如：“求仁而得仁，又何怨?”（《述而》）后句意为“又怨悔什么呢?”（见《论语译注》）。如何区别“谁”做主语和做宾语呢?这一句中，“又”在“谁”之前。而据考察，《左传》中“又”位于主语后的有74例，无1例位于主语之前者。如：“君老矣，吾又不乐。”“尤而效之，罪又甚焉。”还有另一规律：除“谁”外既无主语也无宾语，谓语动词又是及物的，“谁”一般都是宾语。如：“盍亦求之，以死谁怼?”沈玉成《左传译文》译为：“何不也去求赏?因为这样而死，又能怨谁?”根据这两条规律，“又谁怨”的“谁”一定是宾语，这句该译为“又能怨恨谁”。

在本书中，不但提供了《论语新注新译》上述考证的结论，也简要介绍了为何如此解释的理由。仅以18.3章对“曰：‘吾老矣，不能用也。’孔子行”所作注释为例：

> 这两句话有歧义：是齐景公说的，还是孔子说的，有不同解释；如果是齐景公说的，是景公说自己“不能用”，还是说不能用孔子，也有不同解释。首先，我们认为是齐景公说的。因为，一是，如果这话是孔子所说，根据《论语》句例，作为主语的“子”或“孔子”必须在“曰”前出现。此处没有出现，所以，“吾老矣，不能用也”只能是前文出现的主语“齐景公”说的。二是，“吾老矣，不能用也”的下文“孔子行”也说明这句话不是孔子说的；否则，依《论语》句例，“孔子”不必出现。与之相关，本章“曰”之前没有出现的主语若是孔子，依当时句例，应当不是“孔子行”，而是“遂行”或“乃行”。其次，我们认为是齐景公说自己“不能用”。当时语言中，如果是景公说不能用孔子，则“用”之后要带宾语。详见北大出版社《论语新注新译》这一章的“考证”。

我们的上述结论虽短，却是在浩如烟海的上古文献中“淘尽黄沙始得金”般“审句例”的结果。

再简要介绍一下有关《论语》的知识。必须说明，除最末部分外，下文基本上都是杨伯峻先生《论语译注·导言》的缩写。

班固的《汉书·艺文志》说：“《论语》者，孔子应答弟子、时人及弟子相与言而接闻于夫子之语也。当时弟子各有所记，夫子既卒，门人相与辑而论纂，故谓之《论语》。”《文选·辩命论》李善注引《傅子》也说：“昔仲尼既殁，仲弓之徒追论夫子之言，谓之《论语》。”由此可知，“论语”的“论”是“论纂”的意思，“论语”的“语”是语言的意思。“论语”就是把“接闻于夫子之语”“论纂”起来的意思。《论语》是记载孔子及其若干学生言语行事的一部书。“论语”的名字是当时就有的，不是后来别人给的。

《论语》又是若干片断的篇章集合体。这些篇章的排列不一定有什么道理；就是前后两章间，也不一定有什么关联。而且这些片断的篇章绝不是一个人的手笔。《论语》的作者有孔子的学生。《子罕》：“牢曰：‘子云：吾不试，故艺。’”“牢”是人名，相传他姓琴，字子开，又字子张。这里不称姓氏只称名，这种记述方式和《论语》的一般体例不相吻合。因此，便可以做这样的推论，这一章是琴牢本人的记载，编辑《论语》的人，“直取其所记而载之耳”（安井息轩《论语集说》）。

有些篇章，还出自孔子的不同的再传弟子之手。其中不少是曾参学生的记载。如《泰伯》：“曾子有疾，召门弟子曰：‘启予足！启予手！《诗》云：“战战兢兢，如临深渊，如履薄冰。”而今而后，吾知免夫！小子！’”

既然如此，《论语》的著作年代便有先有后了。譬如“夫子”一词，早先一般指第三者，相当于“他老人家”，直到战国，才普遍用为指称对话者，相当于“您老人家”。《论语》的一般用法都相当于“他老人家”，只是在《阳货》中有两处例外。由此可见《论语》的著笔，其间相距或者不止三五十年。

《论语》一书的最后编定者，应是曾参的学生。因为，（1）《论语》不但对曾参无一处不称“子”，而且记载他的言行较孔子其他弟子为多。《论语》中单独记载曾参言行的，共有 13 章。（2）在孔子弟子中，不但曾参最年轻，而且有一章记载着曾参将死之前对孟敬子的一段话（8.4）。孟敬子是鲁大夫孟武伯的儿子仲孙捷的谥号，则这一段记载之为曾子弟子在孟敬子死后所记，毫无可疑。《论语》所叙的人物和事迹，没有比这更晚的。因此，《论语》的著笔当开始于春秋末期，而编辑成书则在战国初期。

《论语》传到汉朝，有三种不同的本子：（1）《鲁论语》20篇；（2）《齐论语》22篇，其中20篇的章句很多和《鲁论语》相同，但是多出《问王》和《知道》两篇；（3）《古文论语》21篇，也没有《问王》和《知道》两篇，但是把《尧曰篇》的“子张问”另分为一篇，于是有了两个《子张篇》。篇次也和《齐论》《鲁论》不一样，文字不同的计400多字。《鲁论》和《齐论》最初各有师传，到西汉末年，安昌侯张禹先学习了《鲁论》，后来又讲习《齐论》，于是把两个本子融合为一，但是篇目以《鲁论》为根据，号为《张侯论》。张禹是汉成帝的老师，其时极为尊贵，所以他的本子便为当时一般儒生所尊奉。今天，我们所用的《论语》本子，基本就是《张侯论》。后汉灵帝时所刻的《熹平石经》就是用的《张侯论》。《古文论语》是在汉景帝时由鲁恭王刘馀在孔子旧宅壁中发现的，当时并没有传授。直到东汉末年，大学者郑玄（127—200，《后汉书》有传）以《张侯论》为依据，参照《齐论》《古论》，作了《论语注》。

《论语》自汉代以来，便有不少人注解它。汉朝人所注释的《论语》，基本上全部亡佚，今日所残存的，以郑玄注为较多，因为敦煌和日本发现了一些唐写本残卷，估计十存六七；其他各家，在何晏（190—249）《论语集解》以后，就多半只存于《论语集解》中。现在《十三经注疏》中的《论语注疏》就是用何晏《集解》和宋人邢昺（932—1010，《宋史》有传）的《疏》。

关于《论语》的书，真是汗牛充栋，举不胜举。读者如果认为看了本书之后还有进一步研究的必要，可以再看下列几种书：

（1）《论语注疏》——即何晏《集解》、邢昺《疏》，在《十三经注疏》中。

（2）《论语集注》——宋代朱熹（1130—1200）从《礼记》中抽出《大学》和《中庸》，合《论语》《孟子》为《四书》，自己用很大功力作《集注》。朱熹对于《论语》，不但讲“义理”，也注意训诂，故这书不妨参看。

（3）《论语正义》——刘宝楠（1791—1855）依焦循作《孟子正义》之法，作《论语正义》。后因病而停笔，由他的儿子刘恭冕（1821—1880）继续写定。所以这书实为刘宝楠父子共著。广征博引，加以己意。该书是清代学者注《论语》最有成就的著作。只因学问日益进展，昔日的好书，今天便可以指出不少缺点，但参考价值仍然不小。

（4）程树德（1877—1944）《论语集释》，征引书籍达680种，虽仍有疏略可商之处，因其广征博引，故可参考。

（5）杨树达（1885—1956）《论语疏证》。这部书把三国以前所有征引《论语》或者和《论语》有关的资料都依《论语》原文疏列，时出己意，加按语，值得参考。

（6）杨伯峻（1909—1992）《论语译注》。张政烺先生说：“在今注中确有极高的学术价值的，可以达到雅俗共赏的境地。杨伯峻的《论语译注》《孟子译注》《春秋左传注》就是其中的佼佼者。《论语》《孟子》成书较早，杨注虽对于典章制度的注释小有不足，但其解决难点，疏通文意，都有独到之处。”我们认同张先生所说。

（7）杨逢彬（1956—）《论语新注新译》。上文已介绍，此处从略。

杨逢彬

2015年10月

目录

学而篇第一

1.1 子曰[①]:“学而时习之[②],不亦说乎[③]?有朋自远方来,不亦乐乎?人不知,而不愠[④],不亦君子乎?”

【注释】

①子:《论语》“子曰”的“子”都是指孔子。

②学而时习之:时,定时。朱熹《论语集注》把它解为“时常”,说“时习者,无时而不习”,是用后代的词义解释古书,是不对的。习,复习。这里不是“实习”的意思。所谓“实习”,是把学到的理论知识拿到实际工作中去运用,以锻炼实际工作的能力;而孔子教给学生的,就是礼、乐、射、御等实际操作性很强的技能,弟子学了以后,要反复练习,也就是“复习”。而且没有证据表明,在《论语》成书的时代,“习”已经引申出了“实习”的意义。

③说:“悦”的古字,喜悦。

④愠:音 yùn,怨恨。

【译文】

孔子说:“学过了,再定时复习它,不也高兴吗?朋友从远方来,不是很快乐吗?别人不了解我,我也不怨恨,不也是君子吗?”

1.2 有子曰[①]:“其为人也孝弟[②],而好犯上者,鲜矣[③];不好犯上,而好作乱者,未之有也[④]。君子务本,本立而道生。孝弟也者,其为仁之本与[⑤]!”

【注释】

①有子:孔子学生,姓有名若,比孔子小三十三岁。

②弟:音 tì,“悌”的古字,弟弟对兄长的敬爱态度。

③鲜:音 xiǎn,少。

④未之有也：可以理解为“未有之也”；先秦时代，否定句中宾语若是“之”，一般放在动词之前。

⑤与：“欤”的古字。

【译文】

有子说：“某人的为人，既孝顺父母，又尊敬兄长，却喜欢冒犯上级，这种人很少；不喜欢冒犯上级，却喜欢造反，这种人是从来没有的。君子专注于基础工作，基础树立了，‘道’也就产生了。孝顺父母，尊敬兄长，这就是‘仁’的基础吧！”

1.3 子曰：“巧言令色[①]，鲜矣仁！”

【注释】

①巧言令色：巧，高明，有技巧，这里指说话动听；令，美，善，这里用以形容满脸堆笑的谄媚样子；色，脸色。

【译文】

孔子说：“花言巧语，满脸堆笑，这种人，是没有多少仁德的。”

1.4 曾子曰[①]：“吾日三省吾身[②]：为人谋而不忠乎？与朋友交而不信乎[③]？传不习乎？”

【注释】

①曾子：孔子学生，名参（shēn），字子舆，南武城（今山东平邑南）人，比孔子小四十六岁（前505—前434）。

②三省（xǐng）：多次地反省。“三”“九”等字，一般表示次数多，不是实数。如果这“三”字是实指以下三件事而言，依《论语》的句法就应当是“吾日省吾身者三”，和《宪问篇》的“君子道者三”一样。这里所反省的恰恰是三件事，只是巧合罢了。

③信：诚信。

【译文】

曾子说：“我每天多次反省：为别人办事是不是尽心竭力了呢？

和朋友交往是不是诚实守信呢？老师传授我的学业是不是复习了呢？”

1.5 子曰：“道千乘之国[①]，敬事而信[②]，节用而爱人[③]，使民以时[④]。”

【注释】

①道千乘之国：道，治理；千乘之国，乘，音 shèng，用四匹马拉的兵车。有一千辆兵车的国家，在孔子之时已经不是大国。

②敬事：敬业，工作严肃认真。

③爱人：孔子时代，“人”常常指他人，“爱人”即爱别人，爱他人。赵纪彬《论语新探》说《论语》中的“人”都指奴隶主，“民”指奴隶，是经不起文献的检验的。详见译注者另一著作《论语新注新译》（北大出版社 2016 年出版）的《附录》部分之《也谈〈论语〉中的“人”与“民”》。

④使民以时：古代以农业为主，“使民以时”就是《孟子·梁惠王上》的“不违农时”。

【译文】

孔子说：“治理有着千辆兵车的国家，办事要严肃认真，诚实无欺，节约用度，爱护他人，役使老百姓要在农闲时间。”

1.6 子曰：“弟子[①]，入则孝，出则悌[②]，谨而信[③]，泛爱众，而亲仁[④]。行有余力，则以学文。”

【注释】

①弟子：这里指年纪幼小的人。

②入、出：指“入父宫”，“出己宫”；宫，古代房屋的通称，后来词义缩小，才专指帝王的住所。

③谨：谨慎。这里的“谨”不是寡言少语的意思；因为《论语》时代典籍中找不到可以释为“少言”的“谨”。详见北京大学出版社《论语新注新译》这一章的“考证”。

④仁:仁人。古代汉语中常用某一具体的人或事物的特征、性质来指代那一具体的人或事物。

【译文】

孔子说:"晚辈后生,在父母面前,就孝顺他们;离开自己房子,便敬爱兄长;谨慎而且信实,博爱大众,亲近有仁德的人。这样实践之后,有剩余力量,便凭着它去学习文献。"

1.7 子夏曰[①]:"贤贤易色[②];事父母,能竭其力;事君,能致其身[③];与朋友交,言而有信。虽曰未学,吾必谓之学矣。"

【注释】

①子夏:孔子的学生,姓卜名商,字子夏,比孔子小四十四岁(前507—?)。

②贤贤易色:尊贤轻色。第一个"贤"是形容词的意动用法,"尊敬"的意思,第二个"贤"指贤人。易,轻视。何晏《论语集解》引孔安国说:"言以好色之心好贤则善。"按孔说,"易"是交换的意思。果如孔说,按当时句法,则当为"以贤贤易色";所以,本章的"易",只能是"轻视"的意思。《左传》襄公四年:"戎狄荐居,贵货易土,土可贾焉。""贤贤易色"与"贵货易土"句式正好相同。详见北大出版社《论语新注新译》这一章的"考证"。

③致:献。

【译文】

子夏说:"尊敬贤者,轻视美色;侍奉爹娘,能尽全力;侍奉君上,能够献身;和朋友相交,说话一定诚实守信。这种人,即便没有系统学习过,我一定说他已经学过了。"

1.8 子曰:"君子不重则不威[①];学则不固[②]。主忠信[③]。无友不如己者[④]。过则勿惮改。"

【注释】

①君子:这个词是引号中整段话的主语。

②学则不固：孔安国说："固，蔽也。"根据"固"在《论语》时代典籍中的用法，我们以为他的这一说法较为可信。

③主：以……为主。详见北大出版社《论语新注新译》这一章的"考证"。

④无友不如己者：无，通"毋"；友，交朋友。

【译文】

孔子说："君子，如果不庄重，就没有威严；他如果学习了，就不致固陋无知。要以忠、信两种品德为主。要交比自己强的朋友。有了错误，就不怕改正。"

1.9 曾子曰："慎终，追远，民德归厚矣①。"

【注释】

①德：品行；又特指好的品行，即道德。

【译文】

曾子说："谨慎地对待年长者的去世，追念远代祖先，老百姓的品行便归于忠厚老实了。"

1.10 子禽问于子贡曰①："夫子至于是邦也②，必闻其政，求之与，抑与之与？"子贡曰："夫子温、良、恭、俭、让以得之。夫子之求之也，其诸异乎人之求之与③？"

【注释】

①子禽：陈亢（kàng），字子禽；子贡，孔子学生，姓端木，名赐，字子贡，卫人，比孔子小三十一岁（前520—前456）。

②夫子：古代的一种敬称，凡是做过大夫的人，均可受此称谓。孔子曾为鲁国司寇，所以其学生称他夫子，后来沿袭以称呼老师。在一定场合下，也用以特指孔子。

③其诸：大概，或者。

【译文】

子禽问子贡道："他老人家一到那个国家，一定听到该国的政事，是主动打听来的呢？还是别人主动告诉的呢？”子贡说：“是他老人家凭温和、善良、恭敬、节俭、谦逊的美德取得的。他老人家的取得它，大概和别人的取得它，不相同吧！”

1.11 子曰：“父在，观其志①；父没②，观其行③；三年无改于父之道④，可谓孝矣。”

【注释】

①其：这里指儿子。

②没：“殁”的古字，死。

③行：音 xìng。

④道：偶尔无论好坏、善恶都可叫作“道”，但更多时候表示善的好的东西。因为该词有此倾向，所以我们依从杨伯峻先生，将“父之道”译为“他父亲的合理部分”。

【译文】

孔子说：“当他父亲健在时，〔因为他无权独立行动，〕要观察他的志向；父亲死了，要考察他的行为；如果多年不改变他父亲的合理部分，就可以说是‘孝’了。”

1.12 有子曰：“礼之用，和为贵①。先王之道，斯为美。小大由之，有所不行②；知和而和，不以礼节之，亦不可行也。”

【注释】

①和：适合，恰当，恰到好处。

②以前几乎所有注本这一章几乎都是这样标点的：“有子曰：‘礼之用，和为贵。先王之道，斯为美；小大由之。有所不行，知和而和，不以礼节之，亦不可行也。’”即“小大由之”和“有所不行”是用句号隔开的。我们现在这样标点的理由是，“不……；亦不……”结构，一般是两个相互呼应的复句。详见北大出版社《论语新注新译》这一章的“考证”。

【译文】

有子说："礼的作用，以和谐为可贵；过去圣明君王的治理天下，以这一点最为美好。但是，小事大事都循此而行，有些事就不一定能行得通了；为了和谐而和谐，不用礼仪制度来节制，也是行不通的。"

1.13 有子曰："信近于义，言可复也[①]。恭近于礼，远耻辱也[②]。因不失其亲[③]，亦可宗也[④]。"

【注释】

①复：实现诺言。

②远：音 yuàn，使……远离，避免。

③因：通"姻"。孔安国说："言所亲不失其亲，亦可宗敬。"为什么不依照杨伯峻先生《论语译注》将"因不失其亲，亦可宗也"译为"依靠关系深的人，也就可靠了"？乃是由于当时语言中，当"因"表"依凭"义时，一般不带"不失其亲"这样的谓词性结构作宾语。详见北大出版社《论语新注新译》这一章的"考证"。

④宗：尊敬。

【译文】

有子说："信守的诺言符合义，说的话就能实现。举止庄重合于礼，就能避免受侮辱。对姻亲保持亲近，〔这种态度〕也是值得推崇的。"

1.14 子曰："君子食无求饱[①]，居无求安，敏于事而慎于言，就有道而正焉[②]，可谓好学也已。"

【注释】

①君子：此处指有德者。

②正：匡正。

【译文】

孔子说："君子，吃饭不要求能饱，居住不要求舒适，干事情勤劳敏捷,说话却谨慎,到有道的人那里去匡正自己,这样,就可以说是好学了。”

1.15 子贡曰:“贫而无谄,富而无骄,何如?”子曰:“可也;未若贫而乐,富而好礼也。”

子贡曰:“《诗》云:‘如切如磋,如琢如磨[①]。’其斯之谓与[②]?”子曰:“赐也[③],始可与言《诗》已矣,告诸往而知来者[④]。”

【注释】

①这两句诗见《诗经·卫风·淇奥》。

②其斯之谓与:斯之谓,谓斯;斯,这个;与,后来写作“欤”。

③赐:子贡的名,孔子对学生都称名。

④告诸往而知来者:诸,相当于“之”,指子贡;往,过去的事,这里指已知的事;来者,未来的事,这里指未知的事。

【译文】

子贡说:“贫穷而不阿谀奉承,有钱而不骄傲自大,怎么样?”孔子说:“可以了;不过,还不如虽贫穷却快乐,虽有钱却好礼呢。”

子贡说:“《诗经》上说:‘要像对待骨、角、象牙、玉石一样,先切料,然后粗粗锉出模型,再精雕细刻,最后磨光。’就是这样的意思吧?”孔子说:“赐啊,现在可以和你说说《诗经》了。告诉你过往的,你就能推知未来的了。”

1.16 子曰:“不患人之不己知[①],患不知人也。”

【注释】

①不己知:不知己,不了解自己;知,了解。

【译文】

孔子说:“不担心别人不了解我,担心的是自己不了解别人。”

【评鉴】

仁

“仁”是孔子思想中最重要的概念，是他所建立的儒家伦理的核心范畴，想要了解孔子的思想，首先要弄清楚什么是“仁”。

在孔子之前，“仁”已见诸文献，但只是对某人品德的抽象赞美（大抵近似于现代汉语中的“高尚”），其内涵并不具体。《论语》是现存的第一部大规模讨论“仁”的著作，它赋予了“仁”新鲜的意涵。但“仁”在《论语》中没有准确的定义，或者说孔子给了“仁”过于丰富而模糊的意涵，因而我们阅读时，不能企图通过把握一两条语录了解“仁”，而是要通观全书，反复咀嚼，才能对“仁”有较为透彻的领悟。

“仁”作为一种品德，首先是内在的，是可以感悟和把握的；但同时它又不是那种只能“居庙堂之高”而高不可攀仅可孤芳自赏的品质，它具有可实践性，是要经由具体的道德实践（在现实生活中践行道德信条）才能展开。要做一个真正的“仁人”很难，但每个人随时随地都可一点一滴地行善——实践仁德。也就是说，人们通过对文献和礼仪的学习，以及在日常具体事务上的历练，可以逐渐达到或者接近“仁”的境界。这样一来，一个人是否具备仁德，可以通过他的言语、行为、功绩来判断。孔子作为教育家，特别注意在具体的情境和道德实践中启发学生。司马迁在《史记·太史公自序》中引用孔子的话：“我欲载之空言，不如见之于行事之深切著明也。”这是孔子思想性格的写照。

“巧言令色，鲜矣仁”（1.3），即是孔子从言行出发判断人是否具备仁德著名例证。这条语录可能是孔子基于某一情境有感而发，但《论语》作为孔门后人记录孔子言行的汇编，言简意赅，原来的时空已杳不可寻。

“孝弟也者，其为仁之本与”（1.2）是孔子从个人德行方面对“仁”的论说。这倒不一定指在时间上一定要先尽孝然后行仁；也不是抽象地比较，说孝相对于仁更为重要。孝为“仁”的本源是从实践中观察得来的——仁德必然要通过道德实践的开展才能成熟。在现实生活中，一个人如果对父母都不能尽孝，那他怎么可能具备仁德呢？在孔子看来，“孝”是“仁”的起点和前提。

学

孔子特别强调学习的重要性，他有两个方面的考虑，一是主体（个人）在社会上实现价值的需要，二是提升个人德行的条件。

孔子生活在“礼崩乐坏”的春秋晚期，传统政治秩序逐渐崩溃、瓦解，社会陷于无序状态。在现实关怀上，孔子向往“礼乐征伐自天子出”（16.2）而井然有序的西周盛世；在文化传承上，孔子推崇“郁郁乎文哉”（3.14）的西周礼乐文明，并一生致力于此。他先是在鲁国从政，而后周游列国推行仁政，孜孜以求的是通过振兴传统文化来医治社会、政治的痼疾。期望复兴西周礼乐文明，就必须对这一文化传统有深切的体认，也要具备在相应的政治环境中实践它的资格与能力。所以孔子十分强调“学文”，通过在政治事务中运用西周礼乐文明所赋予的知识，来达到改良社会政治的崇高目标。

学习的目的，除了济世安邦之外，也为了发展个人的德行。后者与安邦济世不是严格区分的两件事，而是需要“下学而上达”（14.35）。“仁”是一种实践性的道德，而知识贫乏，凡事靠经验、习惯以及想当然来做事的人是不可能实践仁德的（5.19）。所以，孔子特别对某种想法——不通过刻苦学习就能道德完满——提出申诫，认为这不但不可能，反而会导致更多问题——如“六言六蔽”（17.8）。用“好学”为仁、知、信、直、勇、刚等具体道德奠定基础，正反映了孔子思想的实践性。本篇子夏所云“虽曰未学，吾必谓之学矣”（1.7），未必符合孔子的原意。孔子虽然也承认有“生而知之者”（16.9），但大抵是存而不论束之高阁的，孔子也自认为不属此类（7.20）。孔子不认为，一个人可能通过朴素的道德实践进而提升到仁德的境界。宋代大学者朱熹在《论语集注》中引用学者吴棫的观点，认为子夏之言本意虽好，但未免太过，容易导致“废学”，而与孔子主张不符。朴素的道德实践是“学文”的基础，却不能取代后者，故而“行有余力，则以学文”(1.6)。

在知识、教育水平高度发达，“知识就是力量”的今天，“好学”似乎天经地义(尽管事实往往并非如此)，有人也许很难理解孔子把“好学”提到如此高度。在孔子的时代，爵位和官职基本靠世袭获得，是否具备相应的知识水平倒在其次，因此，要一心向学并不容易。孔子主张“有教无类”(15.39)，门下不同社会阶层的学生都能接受教育；学习需要时间的积累，心无旁骛，贫贱的学生要能甘于清贫，富贵的学生需要抵挡爵禄的诱惑(8.12)。所以孔子特别推崇颜回的“箪食瓢饮不改其乐”(6.11)，认为除了他之外再无好学的人了(6.3、11.7)，甚至自己也难以相比(5.9)，因而恸哭颜渊之死(11.9、11.10)。

孔子主张的好学不是死记硬背书本知识，而是在获得知识的同时不断思考，学与思相结合(2.15)；同时在实践中不断升华所学，最终达到“志于道，据于德，依于仁，游于艺”(7.6)的通达境界，实现“一以贯之”的“道”(15.3)。需要注意的是，孔子主张学习的内容并不是一切知识，相反，他对于各类与德行、为政无关的知识是保持距离的。有人问，孔子为什么那么多才多艺呢，孔子说，那是因为自己出身贫贱，所以学会了很多技艺，而君子是不需要多才多艺的(9.6)；又有人赞叹孔子博学，孔子诙谐地说“我去赶马车好了”(9.2)。听说孔子多才多艺，有学生希望跟孔子学习种植，孔子不屑地斥之为小人(13.4)。从历史发展的角度看，孔子轻视某些知识，有不利于社会全面进步的一面，且一定程度上也影响了后世儒者，近代更不乏学者将中国的落后归结到儒家思想轻视应用科学上。但放到当时百家争鸣的时代背景中看，作为其中一家的孔子，专注某一类知识似乎并不宜太过诟病。这给予我们警醒：任何一家思想都会有不足，任何一个伟人都会有偏执，将某一种思想提到至高无上的地位，拔高为包治百病的良药，不但会对社会造成伤害，也会限制这一思想本身的生命力，令其故步自封，落后于时代。

为政篇第二

2.1 子曰："为政以德，譬如北辰[①]，居其所而众星共之[②]。"

【注释】

①北辰：北极星。

②共：同"拱"，环绕，环抱。

【译文】

孔子说："用道德来行使政令，便会像北极星一样，在自己的位置上，别的星星都环绕着它。"

2.2 子曰："《诗》三百[①]，一言以蔽之，曰：'思无邪[②]。'"

【注释】

①《诗》三百：《诗经》实有三百零五篇。

②思无邪：见《诗经·鲁颂·駉》，郑《笺》解释为："思遵伯禽之法，专心无复邪意也。"可见"思"在这里是动词。详见北大出版社《论语新注新译》这一章的"考证"。

【译文】

孔子说："《诗经》三百篇，用一句话来概括它，就是'想要归于纯正'。"

2.3 子曰："道之以政[①]，齐之以刑[②]，民免而无耻[③]；道之以德，齐之以礼，有耻且格[④]。"

【注释】

①道之以政：道，同"导"，引导；政，最早的解释是"谓法教也"，即法律和教化，所以翻译为"政法"。

②齐之以刑:齐,使……整齐,这里意译为“整顿”;刑,刑罚。

③免:免罪,免刑。

④格:来,引申为归服,向往。

【译文】

孔子说:“用政法来诱导他们,用刑罚来整顿他们,老百姓只会暂时免于罪过,却没有羞耻之心。若用道德来诱导他们,用礼教来整顿他们,老百姓就不但有羞耻之心,而且欣然来归。”

2.4 子曰:“吾十有五而志于学①,三十而立②,四十而不惑③,五十而知天命,六十而耳顺④,七十而从心所欲,不逾矩。”

【注释】

①有:同“又”。古人在整数和小一位的数字之间多用“有”字。

②立:何晏《论语集解》:“有所成立也。”意思是,能够(在社会上)站得住脚了。

③不惑:《子罕》《宪问》都有“知(智)者不惑”。

④耳顺:郑玄说:“耳闻其言,而知其微旨也。”即知其微言大义。

【译文】

孔子说:“我十五岁,有志于学问;三十岁,即小有所成,能够自立;四十岁,〔掌握了各种知识,〕不会迷惑;五十岁,知晓了天命;六十岁,别人一说话,便能听出大旨;到了七十岁,尽管随心所欲,也不会有任何念头越出规矩。”

2.5 孟懿子问孝①。子曰:“无违②。”

樊迟御③,子告之曰:“孟孙问孝于我,我对曰,无违。”樊迟曰:“何谓也?”子曰:“生,事之以礼;死,葬之以礼,祭之以礼④。”

【注释】

①孟懿子:鲁国大夫,三家之一,姓仲孙,名何忌,“懿”是他死后追赠的谥号。

②无违：古人凡违礼者谓之“违”。

③樊迟：孔子学生，名须，字子迟，比孔子小三十六岁。

④事之以礼，葬之以礼，祭之以礼：这话是针对鲁国当时把持朝政的三家大夫用诸侯之礼，甚至用天子之礼的“僭越”行为而说的。可参3.1。

【译文】

孟懿子问孔子什么是孝道。孔子说：“不要违背礼节。”

后来，樊迟为孔子驾车，孔子便告诉他说：“孟孙问我孝道，我答复他说，不要违背礼节。”樊迟道：“这是什么意思？”孔子说：“父母健在，按规定的礼节服侍他们；去世了，按规定的礼节埋葬他们，祭祀他们。”

2.6 孟武伯问孝[①]。子曰：“父母唯其疾之忧。”

【注释】

①武伯：即仲孙彘，孟懿子的儿子，“武”是谥号。

【译文】

孟武伯向孔子请教孝道。孔子说：“父母有病，孝子总是担忧。”

2.7 子游问孝[①]。子曰：“今之孝者，是谓能养，至于犬马[②]。皆能有养[③]，不敬，何以别乎？”

【注释】

①子游：孔子学生，姓言名偃，字子游。

②至于：扩大到……，延及……。《论语》时代“至于”很难说有“至于说到”的意义。

③皆能有养：皆，都，全。按，《论语》的时代，“皆”没有“连……都”的意义。有养，古书中“有养”都是“被养”的意思。

【译文】

子游请教孝道。孔子说：“如今的所谓孝，说的是要能够奉养父母，连父母的狗和马都要养着。父母和狗、马都能养着，孝顺若不是发自肺腑，又如何区别奉养父母和饲养狗、马呢？”

2.8 子夏问孝。子曰：“色难[①]。有事，弟子服其劳；有酒食，先生馔[②]，曾是以为孝乎[③]？”

【注释】

①色难：指子女侍奉父母时的表情。详见北大出版社《论语新注新译》这一章的“考证”。

②有事，弟子服其劳；有酒食，先生馔：弟子，指年幼者；先生，年长者；馔，音 zhuàn，吃喝。

③曾是以为孝乎：曾，音 céng，竟，难道。孔子认为要如何做，才算尽到孝道呢？可参考 1.2、1.6、1.11、2.5、2.6、2.7、2.20、2.21、4.18、4.19、4.21、10.9、11.5、13.18、13.20、17.21、19.18 各章；中华书局出版的《中华文化基础教材》（上册），有一个单元为《论孝》，将《论语》中有关“孝”的章节加以精选，汇聚在一起，并加以阐发。也可以参考。

【译文】

子夏请教孝道。孔子说：“子女在父母跟前经常有快乐的表情，是很难的。有事情，年轻人出力；有酒有菜，年长的人受用。仅仅这样就可以算是孝吗？”

2.9 子曰：“吾与回言终日[①]，不违，如愚。退而省其私，亦足以发，回也不愚。”

【注释】

①回：颜回，孔子最得意的学生，鲁国人，字子渊，比孔子小三十岁（前 521—前 490）。

【译文】

孔子说：“我整天和颜回谈学问，他从不提反对意见和疑问，像个傻瓜。等他回家自己研究，却也能有所发挥。颜回呀不傻。”

2.10 子曰：“视其所以[①]，观其所由[②]，察其所安[③]。人焉廋哉？人焉廋哉[④]？”

【注释】

①所以：表示行事的方法和途径。

②所由：表示行事的缘由。

③所安：所赖以生存，所赖以安身立命者。所以、所由、所安的详细解释，见北大出版社《论语新注新译》这一章的“考证”。

④人焉廋哉：焉，何处，哪里；廋，音 sōu，隐藏，藏匿。

【译文】

孔子说：“考察一个人做事的方法、途径，观察他为什么那样做的缘由，了解他赖以安身立命的是什么。那么，这个人如何能隐藏得住呢？这个人如何能隐藏得住呢？”

2.11 子曰：“温故而知新，可以为师矣[①]。”

【注释】

①杨树达先生有《温故知新说》，载于《积微居小学述林全编》（上海古籍出版社 2007 年），值得一读。文中谈“温故”与“知新”的辩证关系，说：“温故而不能知新者，其病也庸；不温故而欲知新者，其病也妄。”

【译文】

孔子说：“既温习旧知识，又不断了解新知识，这样就可以做教师了。”

2.12 子曰：“君子不器。”

【译文】

孔子说：“君子不像器皿一样，〔只有固定的用途〕。”

2.13 子贡问君子。子曰:“先行其言而后从之。”

【译文】

子贡问怎样才能成为君子。孔子说:“先实行了你要说的,再说出来。〔这就算是一个君子了。〕”

2.14 子曰:“君子周而不比①,小人比而不周。”

【注释】

①周而不比:周,是以道义为基础来团结人;比,音 bì,由于暂时的利害关系而相互勾结。

【译文】

孔子说:“君子团结而不勾结,小人勾结而不团结。”

2.15 子曰:“学而不思则罔①,思而不学则殆②。”

【注释】

①罔:诬罔,受骗。

②殆:同“怠”,疲惫。

【译文】

孔子说:“学习而不思考,就会受骗;空想而不学习,就会疲惫而无所得。”

2.16 子曰:“攻乎异端①,斯害也已②。”

【注释】

①攻乎异端:攻,治。当“攻”的宾语是人或人的居住、防御地如“城”时,“攻”是攻击、进攻的意思,其余则不是。异端,不正确的议论,不正确的学说。

②也已:复合语气词。

【译文】

孔子说:“研习那些不正确的学说,这就有害了。”

2.17 子曰:“由[1]!诲汝知之乎!知之为知之[2],不知为不知,是知也[3]。”

【注释】

①由:孔子学生仲由,字子路,鲁国卞(今山东泗水东南)人,比孔子小九岁(前542—前480)。

②知之:先秦时期,除了四种情况外,“知”的后面一般都要接一泛指代词“之”。详见北大出版社《论语新注新译》这一章的“考证”。

③是知也:是,代词,复指前两句(例如“生存还是毁灭,这是个问题”两句中的“这”,是用来复指“生存还是毁灭”的);知,读为“智”。

【译文】

孔子说:“由!教你如何获取知识变得智慧吧!知道就是知道,不知道就是不知道,这就是聪明智慧。”

2.18 子张学干禄[1]。子曰:“多闻阙疑[2],慎言其余,则寡尤;多见阙殆[3],慎行其余,则寡悔。言寡尤,行寡悔[4],禄在其中矣。”

【注释】

①子张学干禄:子张,孔子的学生颛孙师,字子张,陈国人,小孔子四十八岁(前503—?);干禄,干,求;禄,官吏的薪水。

②阙:缺,也就是先放到一边的意思;所以译为“加以保留”。

③殆:危险,危害;这里译作“不自信”。

④行:音 xìng。

【译文】

子张向孔子学求官职得俸禄的方法。孔子说:“多听,有疑问的地方,加以保留;剩下感到自信的部分,也谨慎地说,就能减少错误。多看,不自信的地方,加以保留;剩下感到自信的部分,也谨慎地做,就能减少懊悔。言语少错误,行动少后悔,官职俸禄就在其中了。”

2.19 哀公问曰[①]:“何为则民服?”孔子对曰[②]:“举直错诸枉[③],则民服;举枉错诸直,则民不服。”

【注释】

①哀公:鲁君,姓姬名蒋,定公之子,在位二十七年(前494—前466)。“哀”是谥号。

②对曰:《论语》中,臣下对答君上的询问一定用“对曰”。

③举直错诸枉:举荐正直的人,并将他们放在邪曲的人之上。详见北大出版社《论语新注新译》这一章的“考证”。错,放置,后来写成“措”;诸,“之于”的合音词;枉,不正。

【译文】

鲁哀公问道:“要怎样做百姓才会服从呢?”孔子回答说:“提拔正直的人,把他们放在邪曲的人之上,百姓就服从了;如果提拔邪曲的人,把他们放在正直的人之上,百姓就不会服从。”

2.20 季康子问使民敬,忠以劝,如之何[①]。子曰:“临之以庄,则敬;孝慈,则忠;举善而教不能,则劝。”

【注释】

①季康子问使民敬,忠以劝,如之何:季康子,即季孙肥,鲁哀公时正卿,当时鲁国权势最大的人。“康”是谥号。以,连词;而,且。

【译文】

季康子问要使人民严肃认真,尽心竭力并互相勉励,要如何做。孔子说:“你严肃认真地对待人民的事情,他们也会严肃认真地服从你的政令了;你孝顺父母,慈爱幼小,他们也就会对你尽心竭力了;你提拔好人,教育能力弱的人,他们也就会互相勉励了。”

2.21 或谓孔子曰:“子奚不为政?”子曰:“《书》云[①]:‘孝乎惟孝,友于兄弟,施于有政[②]。’是亦为政,奚其为为政?”

【注释】

①以下三句是《尚书》的逸文。

②施于有政：施，推及，延及；有，词的前缀，加于名词之前；政，指卿相大臣。

【译文】

有人对孔子说："先生为什么不从政？"孔子说："《尚书》上说：'孝字当先，只有孝顺父母，友爱兄弟，并把这种风气影响到大官那儿去。'这也算从政了呀，你说什么才算从政呢？"

2.22 子曰："人而无信[①]，不知其可也。大车无輗，小车无軏[②]，其何以行之哉？"

【注释】

①而：是用来连接两个谓词性结构的连词，用在这里，实际上是使"人"谓语化，即"作为一个人"的意思。

②輗（ní）、軏（yuè）：都是车上的关键，没有它们，便无法套住牲口，车就无法行走。

【译文】

孔子说："作为一个人，却不讲信用，不知道那怎么可以。这好比大车没有固定横木的輗，小车没有固定横木的軏，如何能驱动呢？"

2.23 子张问十世可知也[①]。子曰："殷因于夏礼，所损益，可知也；周因于殷礼，所损益，可知也。其或继周者，虽百世，可知也。"

【注释】

①子张问十世可知也：上古汉语中，"问"是行为动词或关系动词，除非和"曰"一道出现，否则不能引出一段直接引语（即用引号引出的话）。因此，本书除17.21另作处理外，"问"的后接部分一律处理为间接引语，不标冒号、引号、问号。特此说明。2.20如此，下文类似情况亦如此。

【译文】

子张问今后十代〔的礼仪制度〕是可以预知的吗。孔子说："殷朝沿袭夏朝的礼仪制度，废除的和增加的，可以知道；周朝沿袭殷朝的礼仪制度，废除的和增加的，也可以知道。那么，如果有继承周朝而当政的人，即使一百代，也是可以预知的。"

2.24 子曰："非其鬼而祭之①，谄也②。见义不为，无勇也。"

【注释】

①鬼：古代人死都叫"鬼"，一般指已死的祖先，但也偶有泛指的；祭，是向鬼神祈求福祉，和奠不同。（人刚死，陈设饮食以安其灵魂，叫作奠。）

②谄：音 chǎn，谄媚，讨好。

【译文】

孔子说："不该我祭祀的鬼神，而去祭祀他，这是献媚。眼见应该挺身而出的事情，却袖手旁观，这是怯懦。"

【评鉴】

为政

孔子的政治思想十分丰富，大抵是以德治为基础的仁政。仁政从本质上说是一种以礼治为基础的人治。在人治环境下，政治的清浊很大程度上取决于统治者以及统治集团的道德水平和管理能力。孔子观察从唐虞到西周的政治形态，推崇一种上行下效，无为而治的政治理念(2.1)。他反对滥用刑罚，更反对轻易杀人(12.20)，主张用道德教化百姓，用礼仪规范民众(2.3)。他的政治思想是基于理想的政治模型建构的，与现实的政治生态有着不小的距离，因而孔子对于"为政"始终保持必要的克制。这一方面是对于现实政治的黑暗有所警惕，另一方面是对个人"为政"的道德水平与从政能力有着较为清醒的认识。

孔子处在"礼崩乐坏"的时代，他所处的鲁国政局混乱，权柄不在国君，而是旁落到大夫甚至大夫的家臣手中，正是所谓“陪臣执国命”(16.2)的时代。当时的执政者多是连小人都不如的“斗筲之人”(13.20)。在这样的时局下，正人君子难以有所作为，或者被环境所裹挟，依附于权贵(11.17)；或者“不得其死”(11.13)。处在时代的困局中，孔子常常怀有出世的情怀，期盼“乘桴浮于海”(5.7)的逍遥自在，向往春游沐浴，迎风歌咏的悠闲生活(11.26)。后世学者常常不解一向“知其不可而为之”(14.38)的孔子何以公开向弟子宣扬一种超然世外的处世方式。但这恰巧是孔子的智慧。《中庸》说“居易以俟命”，“居易”是要君子安于所处的环境，以端正而舒适的姿态完成自己所在位置上的任务，做到“在邦无怨，在家无怨”(12.2)。“俟命”源于孔子对西周礼乐文明怀有的极高的文化自信与制度自信，坚信天命不丧“斯文”，后人必然会从对西周礼乐文明的学习中找到济世安邦的知识源泉(9.5)。作为西周礼乐文明续命人的孔子及其弟子不能和光同尘，让西周礼乐文明的讲学屈从于现实，被曲解与庸俗化。“不在其位，不谋其政”(8.14)，与黑暗的政治现实保持距离，将美好的文化传统保存下来等待社会变迁的召唤。这种深邃的历史眼光，超出在一时一地当中“仕”与“不仕”的简单对立。另外，即使处江湖之远，孔子依然能在政治上起到积极的作用。本篇第二十一章孔子引用《书经》的观点，说一个人的道德力量如果足够强大，他的孝行、友爱能够广泛传播进而影响到执政者，那么这也算是参与政治了。通观《论语》，多有权贵来向孔子问政，孔子侃侃而谈，以正道喻之，通过道德的感召力和知识的权威性影响当政者，这当然也是参与政治。但在这里孔子对“为政”的理解是泛化的，可以看成是圣人在时局不允的境况下为了达到理想而做的折中。

另一方面，以复兴西周礼乐文明、安邦济世为理想的儒者又不能不对政治保持关注，一旦时机适宜就需要勇敢尝试，所以孔门弟子多有参与政治事务者。参与政事需要具备一定的道德水平与办事能力，比如果敢、质朴、正直、谦逊，懂得察言观色、善于言谈等。这些要求并非难以企及，孔子就常评价门下的某些弟子足以胜任政事。但这些评判是基于理想的社会状况做出的，现实却是，以善于从政闻名的冉有、子路(11.3)均不得善果。因而在那个特殊的时代背景下参与政治，同时保持自身人格的高洁与生命的安全需要高超的智慧。孔子十分警惕门人弟子对从政的自我定位过高，他更欣赏漆雕开"吾斯之未能信"(5.6)的谨慎态度。孔子重视对出仕邦国的甄选，甚至居住的地方都要慎重对待，远离那些"无道"的国家，远离动荡与战乱(8.13)。在政治昏暗的邦国，孔子主张"危行言孙"(14.3)，即果敢做事，谨慎说话，甚至可以装傻充愣保全自己(5.21)，在政治迷局中以不牺牲自己为前提，为匡扶正道出一份力。

孝

"孝"在孔子的思想中处在十分重要的地位。在《学而》的评鉴中我们已经探讨了"仁"与"孝"的关系问题，"孝"是"仁"的本源。在孔子看来，"孝"更是一切美德、善行的根本，敦行孝道是君子的本务，也是闻达于社会的基本条件。本篇第二十章、第二十一章，孔子说，做到"孝慈"就能让百姓为他人尽心竭力，就能影响施政者，改善政治。《荀子·儒效》说"儒者在本朝则美政，在下位则美俗"，讲的正是这个道理。孔子关于孝道的思想到汉代得到进一步发展，演变出"求忠臣必于孝子之门"(《后汉书·韦彪传》)的观念。汉朝官员的人才选拔依靠的是"举孝廉"，这是儒家孝道思想在政治层面的运用。

孔子在礼崩乐坏的时代推崇理想化的道德人格、德性伦理与德治，首先要做的就是打破庸俗的道德观念和行为规范。《左传》昭公元年说"国之大节有五"，其中之一就是"养其亲"，可见在那个时代能够赡养父母就已经可以算作是道德合格了。但孔子的要求不止于此，只是赡养父母，远远够不上孝道，要改造庸俗的孝道，需要补上两个方面，一是敬爱，二是礼制。

敬爱是孝行的核心精神。对双亲的爱是最质朴、最真实的道德情感，是孝行的源头活水。抛开爱来谈孝，那就只是聊尽人事，做做表面功夫，算不得尽孝。孝子忧心父母的疾病(2.6)，侍奉父母总能保持和颜悦色(2.8)，都是对父母之爱的本真流露。对长辈的“敬”，是践行这种道德情感的基本态度。因为对亲长的爱和对妻子、儿女的爱有所不同，“敬”能在实践上将尽孝与其他道德实践区分开来。往更深层讲，“敬”是对父母的尊重，包括对父母的言行、名誉、事业的尊重，表现在行为上是顺从。子女与父母在观念以及行为习惯上可能存在差异。尊重差异，不把自己的意见强加给父母，是孝道对子女提出的要求。哪怕父母的行为有违善道，也应温和劝谏。如果父母不采纳，也没有怨言，仍然恭顺地侍奉父母，再另外找合适的机会劝谏(4.18)。孝子不可宣扬父母的过失，而是要尽可能掩饰(13.18)，再设法补救。父母的事业要继承与发扬，不可轻易毁弃，所以应该“三年无改于父之道”(1.11)且“不改父之臣与父之政”(19.18)。当然，顺从父母也不是无条件地服从。孔子讲孝慈并举，即所谓“父父、子子”(12.11)，是义务对等的关系。孔子特别推崇舜的孝行，反对愚孝。《说苑》记载“舜之事父也，索而使之，未尝不在侧；求而杀之，未尝可得。小箠则待，大箠则走，以逃暴怒也”，意思是面对父母的恶行，不要助长，当父母要伤害自己的时候，能跑就跑，这样才能保存自身侍奉父母，不会陷父母于不义。

八佾篇第三

3.1 孔子谓季氏[①]:“八佾舞于庭[②],是可忍也[③],孰不可忍也?”

【注释】

①孔子谓季氏:《论语》中,“~~谓~~”的格式,是“~~评论~~”的意思;而“~~谓~~曰”的格式,是“~~对~~说”的意思,二者判然不紊。有的注本根据某些语言外因素将一些“~~谓~~曰”标点为“~~谓~~,曰”,译为“~~评论~~,说……”,是不对的。参见6.6注①及9.21注①。季氏,鲁国的权臣季平子,即季孙意如。

②八佾(yì):古代舞蹈奏乐,八人一行,叫一佾。八佾六十四人,只有天子才能用。诸侯用六佾。季氏作为大夫,只能用四佾。

③忍:容忍。先秦时期,“忍”有忍耐、容忍义,又有忍心义。忍耐、容忍义的“忍”的意义特征是施事忍受受事(对象)对施事的加害、刺激等等;从宾语的意义特征看,这一意义的“忍”的宾语都是说话者认为不好、有害的事物。“八佾舞于庭,是可忍也,孰不可忍”中的“是”,是指代谓词性成分“八佾舞于庭”的,也即,“八佾舞于庭”是“忍”的受事;而它绝对是孔子认为大错特错的,对孔子本人具有莫大的刺激作用。因此,其谓语动词“忍”,表达的是忍耐、容忍义。详见北大出版社《论语新注新译》这一章的“考证”。

【译文】

孔子评价季氏:“他用八八六十四人在庭院中奏乐舞蹈,如果这都能够被容忍,还有什么事不能容忍!”

3.2 三家者以《雍》彻[①]。子曰:“‘相维辟公[②],天子穆穆’,奚取于三家之堂?”

【注释】

①三家者以《雍》彻：三家，鲁国当政的三卿；雍，也写作“雝”，《诗经·周颂》中的一篇；彻，通“撤”，撤除祭品。

②相维辟公：相，音xiàng，助祭者；辟公，天子的公卿大臣，也即诸侯。

【译文】

仲孙、叔孙、季孙三家，他们祭祀祖先的时候，〔也用天子的礼〕，边唱着《雍》边撤除祭品。孔子说：“〔《雍》有这样两句：〕‘助祭的是诸侯，天子严肃静穆地在那里主祭。’这两句诗，用在三家主祭的大堂上，取它的哪一点意义呢？”

3.3 子曰：“人而不仁[①]，如礼何？人而不仁，如乐何？”

【注释】

①人而不仁：这一“而”字不能当“如果”讲。参见2.22注①。

【译文】

孔子说：“作为一个人，却不仁，拿礼仪制度怎么办呢？作为一个人，却不仁，拿音乐怎么办呢？”

3.4 林放问礼之本[①]。子曰：“大哉问！礼，与其奢也，宁俭；丧，与其易也[②]，宁戚。”

【注释】

①林放：鲁人。

②易：和悦，和颜悦色。详见北大出版社《论语新注新译》这一章的“考证”。

【译文】

林放问礼的本质。孔子说：“重大呀，这问题！就一般礼仪说，与其铺张浪费，宁可朴素节俭；就丧礼说，与其强忍悲痛而和颜悦色，宁可大放悲声。”

3.5 子曰："夷狄之有君，不如诸夏之亡也[①]。"

【注释】

①亡：同"无"。"亡"后面承前句省略了"君"字。当时语言中有这样一种格式："N_1 之 V_1，不如 N_2 之 V_2"（N 指名词，V 指谓语），意思是"N_1 的 V_1，比不上 N_2 的 V_2"。例如《墨子·鲁问》："子之为鹊也，不如匠之为车辖。""夷狄之有君，不如诸夏之亡也"正属于这一格式。这一规律是杨柳岸发现的。详见北大出版社《论语新注新译》《附录》之杨柳岸《"严夷夏大防"抑或"重君臣大义"》（又载《中国哲学史》2009 年第 4 期）。

【译文】

孔子说："不文明的国家虽然有君主，还不如中国没有君主呢。"

3.6 季氏旅于泰山[①]。子谓冉有曰[②]："女弗能救与？"对曰："不能。"子曰："呜呼！曾谓泰山不如林放乎[③]？"

【注释】

①旅：祭山。按规定，只有天子和诸侯才有祭祀名山大川的资格。

②冉有：孔子的学生冉求，字子有，小孔子二十九岁（前 522—前 489）。当时他在季氏手下任职。

③可参看 3.4 注①。

【译文】

季氏打算去祭祀泰山。孔子对冉有说："你不能阻止吗？"冉有答："不能。"孔子说："啊呀！竟可以说泰山还不如林放〔懂礼，居然接受这没规矩的祭祀了〕吗？"

3.7 子曰："君子无所争。必也射乎！揖让而升，下而饮。其争也君子[①]。"

【注释】

①详见《仪礼》之《乡射礼》和《大射礼》。登堂而射，中靶少的罚酒。

【译文】

孔子说:“君子没有什么可争的事情。定要有所争,一定是比箭吧!那时相互作揖后登堂〔竞赛〕;然后下堂喝酒。这种竞争是很有君子风度的。”

3.8 子夏问曰:“‘巧笑倩兮①,美目盼兮②,素以为绚兮③。’何谓也?”子曰:“绘事后素④。”

曰:“礼后乎⑤?”子曰:“起予者⑥,商也!始可与言《诗》已矣。”

【注释】

①倩:音 qiàn,容貌姣好。

②盼:黑白分明。

③绚:音 xuàn,有文采;以上一、二句诗,见《诗经·卫风·硕人》,第三句可能是逸句。

④绘事后素:绘画时,后用白色。绘事,绘画;后,此处为谓语,后做,后用;素,白色。

⑤礼后:礼仪在后,也就是以礼仪作后盾,以礼仪在幕后掌管、约束的意思。

⑥起:通达疑滞。

【译文】

子夏问道:“‘启齿一笑酒窝微张,明眸如清泉闪着亮光,白皙在红颜间勾出瑰丽的纹章。’这几句诗说的什么?”孔子说:“在绘画中,〔先画各种彩色,〕后用白色勾勒出文采。”

子夏说:“那么,天生丽质,还要用礼仪来约束吗?”孔子说:“让我开窍的,就是你卜商啊!现在可以同你讨论《诗经》了。”

3.9 子曰:“夏礼,吾能言之,杞不足徵也①;殷礼,吾能言之,宋不足徵也②。文献不足故也③。足,则吾能徵之矣。”

【注释】

①杞不足徵:杞,国名,夏禹的后代居于此,故城在今河南杞县。徵,音zhēng,验证,证明;简体字写作“征”。

②宋:国名,商汤的后代居于此,故城在今河南商丘南。

③文献:文,典籍;献,贤者。

【译文】

孔子说:“夏朝的礼,我能说出来,杞国不足以作证;殷朝的礼,我能说出来,宋国不足以作证。这是两国的历史文献和贤者不够的缘故。如果够,我就可以引以为证了。”

3.10 子曰:“禘自既灌而往者①,吾不欲观之矣。”

【注释】

①禘自既灌而往:禘礼是古代一种极为隆重的大祭之礼,只有天子才能举行。周成王因为周公旦对周朝有莫大的功勋,特许他举行禘祭。以后周公旦的封国——鲁国的历代君主都沿此惯例,“僭”用禘礼,因此孔子不愿看。灌,本作“祼”,祭祀中的一个项目——用活人(称为“尸”,一般用童男童女)以代受祭者。第一次献酒给尸,使他(她)闻到“郁鬯”(一种配以香料煮成的酒)的香气,叫作“祼”。

【译文】

孔子说:“禘祭,从第一次献酒以后,我就不想看了。”

3.11 或问禘之说。子曰:“不知也①!知其说者之于天下也,其如示诸斯乎②!”指其掌。

【注释】

①不知也:禘是天子之礼,鲁国举行,在孔子看来,是完全不应该的。但孔子不想明白指出,只得说“不欲观”,“不知也”,甚至说“如果有懂得的人,他对于治理天下会好像把东西放在手掌上一般容易”。

②示诸斯:示之于此,在这里展示它。详见北大出版社《论语新注新译》这一

章的“考证”。诸,“之于”的合音。

【译文】

有人向孔子请教关于禘祭的知识。孔子说:“不了解呀! 知道的人对于治理天下,就好像把东西展示在这里一样容易吧!”一边说,他一边指着自己的手掌。

3.12 祭如在①,祭神如神在。子曰:“吾不与祭,如不祭。”

【注释】

①祭:本义为祭祀祖先。

【译文】

孔子祭祖的时候,便好像祖先真在那里;祭神的时候,便好像神真在那里。孔子说:“我如果不能亲自参加祭祀,还不如不祭〔,不请别人代理〕。”

3.13 王孙贾问曰①:“与其媚于奥,宁媚于灶②,何谓也?”子曰:“不然;获罪于天,无所祷也③。”

【注释】

①王孙贾:卫灵公的大臣。

②与其媚于奥,宁媚于灶:这两句疑是当时俗语,意思类似今天的“县官不如现管”。奥,房屋西南角,一室之内奥为最尊。

③王孙贾和孔子的问答都是用比喻,用意何在,只能揣想。有人认为这是王孙贾请教孔子的话。奥为一室之主,比喻卫灵公;灶指灵公的宠姬南子、宠臣弥子瑕,二人地位虽不高,却有权有势。祷,祈祷,这里比喻巴结、结纳。

【译文】

王孙贾问道:“与其献媚于奥,宁可献媚于灶,这是什么意思?”孔子说:“不对,得罪了上天,祈祷也没用。”

3.14 子曰:“周监于二代[①],郁郁乎文哉!吾从周。”

【注释】

①周监于二代:监,“鉴”的古字,借鉴;二代,夏、商二朝。

【译文】

孔子说:“周朝的典章制度借鉴了夏、商两代的,〔又有所发展、完善,〕多么丰富多彩呀!我主张周朝的。”

3.15 子入太庙[①],每事问。或曰:“孰谓鄹人之子知礼乎[②]?入太庙,每事问。”子闻之,曰:“是礼也。”

【注释】

①太庙:古代开国之君叫太祖,祭祀太祖的庙叫太庙。周公旦是鲁国最初受封之君,因之这太庙便是周公的庙。

②鄹人:鄹,音 zōu,又写作郰,地名。有人说就是今山东曲阜东南的西邹集。“鄹人”指孔子父亲叔梁纥(hé),他曾经做过鄹大夫,而春秋时常将某地的大夫称作某人。

【译文】

孔子到了周公庙,每件事情都发问。有人说:“谁说鄹大夫的儿子懂得礼呢?他到了太庙,每件事都要问别人。”孔子听到了这话,便说:“这正是礼呀。”

3.16 子曰:“射不主皮[①],为力不同科[②],古之道也。”

【注释】

①射不主皮:古代箭靶子叫“侯”,用布或用皮做成。此处的射是演习礼乐的射,以中不中为主,而不是以穿透皮侯为主的军中武射。

②为力不同科:为,音 wèi,因为;同科,同等。

【译文】

孔子说:“比箭,不一定要射穿箭靶子,因为各人的力气大小不相同，这是古时的规矩。”

3.17 子贡欲去告朔之饩羊[①]。子曰：“赐也！尔爱其羊[②]，我爱其礼。”

【注释】

①告朔之饩羊：告，音 gù；朔，每月的第一天；饩，音 xì。“告朔饩羊”，古代的一种制度：每年秋冬之交，周天子把第二年的历书颁给诸侯；诸侯将历书藏于祖庙，每月初一，便杀只活羊祭于庙，这叫作“告朔”。到孔子的时候，鲁君已不亲临祖庙，只是杀只活羊敷衍罢了。所以子贡认为不必留此形式，孔子却觉得有只羊比什么也没有好。

②爱：可惜，舍不得。

【译文】

子贡要把鲁国每月初一告祭祖庙的那只活羊撤去不用。孔子说：“赐啊！你舍不得那只羊，我舍不得那种礼。”

3.18 子曰：“事君尽礼，人以为谄也。”

【译文】

孔子说：“服侍君主，一切依照做臣子的礼节去做，别人却以为他献媚讨好呢。”

3.19 定公问君使臣，臣事君，如之何[①]。孔子对曰：“君使臣以礼，臣事君以忠。”

【注释】

①定公：鲁国君主，名宋，昭公之弟，在位十五年（前509—前495）。“定”是谥号。

【译文】

鲁定公问君主役使臣子，臣子服侍君主，各自应该怎样做。孔子答道:"君主役使臣子应该依礼,臣子服侍君主应该尽忠。"

3.20 子曰:"《关雎》[①],乐而不淫[②],哀而不伤。"

【注释】

①《关雎》:《诗经》的第一篇。但这篇诗并没有悲哀的情调。因此刘台拱认为,《诗》有《关雎》,《乐》亦有《关雎》。古代乐章都是合三篇为一,《乐》的《关雎》包括《诗》的《关雎》和下面的《葛覃》《卷耳》两篇。乐而不淫的指《关雎》《葛覃》,哀而不伤的指《卷耳》。可备一说。

②淫:过分以至于失当。

【译文】

孔子说:"《关雎》这诗,快乐却不放荡,悲哀却不心伤。"

3.21 哀公问社于宰我[①]。宰我对曰:"夏后氏以松,殷人以柏,周人以栗,曰,使民战栗。"子闻之,曰:"成事不说,遂事不谏[②],既往不咎[③]。"

【注释】

①社:土神;哀公所问的社,是指祭祀土神时所立的木制牌位——社主,认为它是神灵所凭依。

②谏:纠正。

③咎:追究,归咎,谴责。

【译文】

鲁哀公请教宰我,做社主要用什么木材。宰我答道:"夏代用松木,殷代用柏木,周代用栗木,意思是使人民有所畏惧而战栗。"孔子听说后,〔责备宰我〕说:"已经做了的事不必再解释了,已经完成的事不必再挽救了,已经过去的事不必再追究了。"

3.22 子曰:"管仲之器小哉[①]!"

或曰:“管仲俭乎?”曰:“管氏有三归[②],官事不摄[③],焉得俭?”

“然则管仲知礼乎?”曰:“邦君树塞门[④],管氏亦树塞门。邦君为两君之好[⑤],有反坫[⑥],管氏亦有反坫。管氏而知礼,孰不知礼?”

【注释】

①管仲:春秋时齐人,名夷吾,做了齐桓公的宰相,使他称霸诸侯。

②三归:三处采邑。关于“三归”有好多种解释,但只有“三处采邑”的解释最具说服力。详见杨逢彬的论文《〈论语〉“三归”考》,《上海大学学报(社会科学版)》2016 年第 2 期发表。

③摄:兼职。

④树:动词,立,树立;塞门,类似现在的照壁。

⑤好:音 hào。

⑥反坫(diàn):用土筑成的用以放置器物的设备。

【译文】

孔子说:“管仲的器量小得很哪!”

有人便问:“管仲节俭吗?”孔子说:“管氏有三处采邑,手下人员又从不兼差,怎么能算是节俭?”

那人又问:“那么,管仲懂得礼节吗?”孔子又说:“国君宫殿门前,立了个照壁,他管仲也立了个照壁;国君为了睦邻友好,两楹之间有反坫,他管仲也有反坫。像管仲那样的人都算懂得礼仪,那还有谁不懂得礼仪?”

3.23 子语鲁大师乐[①],曰:“乐其可知也:始作,翕如也[②];从之[③],纯如[④]也,皦如也[⑤],绎如也[⑥],以成。”

【注释】

①子语鲁大师乐:语,音 yù,告诉;大师,乐官之长;大,音 tài,通“太”。

②翕如：盛大、热烈的样子；翕，音 xì，

③从：音 zòng，放纵，继续。

④纯：和谐。

⑤皦如：音 jiǎo，声音清晰，节奏分明。

⑥绎如：络绎不绝，不绝如缕。

【译文】

孔子把欣赏音乐的心得告诉给鲁国的太师，他说："音乐，是可以欣赏的，演奏开始时，热情奔放；持续下去，和穆舒缓，节奏分明，渐渐余音绕梁不绝如缕；最后曲终人散。"

3.24 仪封人请见[①]，曰："君子之至于斯也，吾未尝不得见也。"从者见之[②]。出曰："二三子何患于丧乎[③]？天下之无道也久矣，天将以夫子为木铎[④]。"

【注释】

①仪封人：仪，地名；封人，官名，大概是典守边疆的官。

②从者见之：从者，孔子的随行人员，即他的学生；见之，使孔子接见他。

③丧：音 sàng，国家丧亡。当"丧"不带宾语时，当时文献中通常指国家丧亡。如："子言卫灵公之无道也，康子曰：'夫如是，奚而不丧？'孔子曰：'仲叔圉治宾客，祝鮀治宗庙，王孙贾治军旅。夫如是，奚其丧？'"（14.19）城郭不完，兵甲不多，非国之灾也；田野不辟，货财不聚，非国之害也。上无礼，下无学，贼民兴，丧无日矣。"（《孟子·离娄上》）

④木铎：铃铛。公家有事要宣布，便摇这铃来召集大家。

【译文】

仪地的边防官请求孔子接见他，说道："凡道德君子到达此地，我从没有不和他见面的。"随行学生请求孔子接见了他。他辞出后，对学生们说："你们这些人还用得着担心国家丧亡吗？天下无道的日子太久了，〔圣人也该出来了〕上天会把他老人家当作人民的导师啊。"

3.25 子谓《韶》[1]，“尽美矣，又尽善也[2]”。谓《武》[3]，“尽美矣，未尽善也”。

【注释】

①《韶》：舜时的乐曲名。

②尽美矣，又尽善也：“美”指声音，“善”指内容。舜的君位由尧“禅让”而来，故孔子认为“尽善”。周武王的王位由讨伐商纣而来，尽管是正义之战，依孔子意，却认为“未尽善”。

③《武》：周武王时的乐曲名。

【译文】

孔子评价《韶》说：“美到极致，又好到极致。”评价《武》说：“美到极致，尚未好到极致。”

3.26 子曰：“居上不宽，为礼不敬，临丧不哀，吾何以观之哉？”

【译文】

孔子说：“居于上位不宽宏大量，行礼的时候不严肃认真，参加丧礼的时候不悲哀，这叫我怎么能看得下去呢？”

【评鉴】

礼

本篇主要谈“礼”。孔子生活的春秋末期，正是旧制度走向衰亡，新生力量尚不足以形成体制的时期，本来维系社会稳定和谐的周礼随着时代的变迁已逐渐不能发挥固有作用。具体的礼制仪轨是一定时代的产物，随着社会结构发生改变必然有过时的一天。但同时，“礼”又是华夏民族历史文化的积淀，是道德戒律、行为规范、处世智慧的凝结，不可全盘否定，所以这一时期也是需要重新反思和改革礼制的时代。

“礼”以仪节的形式存在，是为人处世的规范；同时也蕴含着大量道德内容。以“射”礼为例，它的目的之一是在竞争性的环境中考察君子的气度，“其争也君子”(3.7)。“射”礼要求“射不主皮”，意思是射箭比试的是准度而不是力度。可能是考虑到力量有先天的条件，而准度主要是靠后天的练习；以准度为标准，更有利于竞争的公平性与适度性，保证君子之间的竞争有别于行伍之列的竞赛。然而，随着时代的变迁，一些具体的仪节可能过时，从而与本来关联的道德内涵相剥离。道德内涵需要被保留和提倡，而这些道德内涵又难以脱离礼仪的规范性与具体性而独立存在，这个矛盾是以孔子为代表的春秋战国时期的思想家所需要面对和解决的。

孔子敏锐地察觉到了礼的仪节规范与礼的道德精神之间的矛盾，他一方面坚持主张“礼”的仪节规范，反对不以礼行事，痛心于礼仪被僭越，希望恢复周礼；另一方面又试图弥合礼的仪节规范与道德内涵之间的缝隙，警惕那些用礼仪来装点门面、沽名钓誉的行为，要求把握“礼之本”(3.4)。孔子特别看重礼的道德内涵，他总结“礼”背后的精神有仁(3.3)、敬(3.26)、俭(3.4)、和(1.12)等，因为有这些精神的存在，“礼”才有生命力。他本着这些精神对行“礼”的方式因革损益，试图与时俗接轨。

例如，《子罕》第三章孔子辨析了当时的风俗不合礼仪的两种情况——用更廉价的材料制作礼帽是为了节俭，所以他愿意从众；而面见君主省去在堂下行礼的规矩是因为倨傲，所以孔子甘愿被人误会为谄媚(3.18)，也一定要遵从这一礼仪。孔子也十分注意礼仪规范本身的重要性，因为礼仪作为自古以来沟通他人和自我的桥梁，这一历史经验的沉淀有必然的价值。个人的品德再高尚，才智再突出，也无法涵盖与人交往的方方面面。因而他在指出以“和为贵”的同时，也表明跳过礼仪，直接追求“和”是行不通的(1.12)。需要注意的是，孔子思想表现出的矛盾，仅在于他没有就这一问题直接提出逻辑清晰的解决办法——简言之，他只是在行礼的方面做了调试，并没有改革旧礼制或是创作新礼制，这大约是孔子尊重传统，“述而不作”（7.1）的学术态度。通观《论语》，孔子并没有在恪守礼仪还是遵从“礼之本”的所谓两难中表现得无所适从。孔子的思想性格是实践的，在具体的情境中，孔子总能凭借他对“礼”的深刻理解，做出发人深省的论述。

孔子关于“礼”的两方面思考，随着时代的变迁而逐渐分化。孟子承袭了孔子强调“礼之本”的一面，将“礼”内化为道德的一个方面，代表着“恭敬之心”“辞让之心”，与仁、义、智并举，成为“四德”之一。荀子继承了孔子重视“礼”的规范性的一面，将“礼”看作维系国家运作，保护百姓免于“诈”“利”等危害的重要手段。孟、荀各自继承了孔子礼学思想的一端，将对这一矛盾的探讨继续推向深入。

里仁篇第四

4.1 子曰:"里仁为美[①]。择不处仁[②],焉得知[③]?"

【注释】

①里:这里活用为动词,居住。

②处:音 chǔ,居住。

③焉得知:"焉得"常常处于条件复句、因果复句的第二个从句中,本章"择不处仁,焉得知"是个条件复句。知,读为"智"。本章可和 5.19"未知,焉得仁"参看。

【译文】

孔子说:"住的地方,有仁德才算好。选择住处,却没有仁德,怎么能算聪明呢?"

4.2 子曰:"不仁者不可以久处约[①],不可以长处乐。仁者安仁,知者利仁。"

【注释】

①约:窘困。

【译文】

孔子说:"不仁的人不可以长久处于困境中,也不可以长久处于安乐中。仁人安于仁,〔因为他只有实行仁德才心安;〕聪明人利用仁,〔因为他认识到实行仁德对自己有长远而巨大的利益〕。"

4.3 子曰:"唯仁者能好人[①],能恶人[②]。"

【注释】

①能:据我们全面调查,先秦汉语中"能"作谓语有褒义倾向。当它作状语

时，仍带有这一特点，因此不能说有能力做不好的事。较为特殊的如“管仲非仁者与？桓公杀公子纠，不能死，又相之。”（《宪问》）这里的“不能死”是指不能为公子纠献身，此处“死”也是带有褒义的。因此翻译本章时将这一特征用“恰当地”补出。这并非什么“增字解经”，而是将隐含的语义揭示出来。

②恶：音 wù，厌恶。

【译文】

孔子说：“只有仁人才能够恰当地喜爱某人，厌恶某人。”

4.4 子曰：“苟志于仁矣，无恶也。”

【译文】

孔子说：“假如某人立志实行仁德，他的所作所为终归会没有大恶。”

4.5 子曰：“富与贵，是人之所欲也；不以其道得之，不处也。贫与贱，是人之所恶也；不以其道得之[①]，不去也。君子去仁，恶乎成名[②]？君子无终食之间违仁[③]，造次必于是，颠沛必于是。”

【注释】

①贫与贱……不以其道得之：有的《论语》注本认为，贫与贱，不是人人想“得之”的，应该改为“去之”。我们认为，语言并非处处必须合乎逻辑，例如我们常说的“打扫卫生”“恢复疲劳”就不合逻辑，却合乎语言表达习惯；因此，若无语言内部或版本等的确证，还是不要轻易改动。详见北大出版社《论语新注新译》这一章的“考证”。

②恶乎：恶，音 wū，何处；“恶乎”即“于何处”。

③违：离开。

【译文】

孔子说：“发财升官，这是人人所渴望的；不用正确的方法去得到它,君子不接受。穷愁潦倒,这是人人所厌恶的;没用正确的方法而不幸得到它,君子不离开。君子背离了仁德,怎样去成就他的名声呢?君子不会在哪怕吃一顿饭的时间背离仁德。仓促匆忙间,他与仁德同在;颠沛流离时,他与仁德同在。”

4.6 子曰:“我未见好仁者,恶不仁者。好仁者,无以尚之[①];恶不仁者,其为仁矣[②],不使不仁者加乎其身。有能一日用其力于仁矣乎?我未见力不足者。盖有之矣[③],我未之见也。”

【注释】

①尚:超过。

②矣:在这里用来停顿。

③盖:大概。

【译文】

孔子说:“我没有见过爱好仁德和厌恶不仁德的人。爱好仁德的人,那是再好不过的了;厌恶不仁德的人,他行仁德,只是不使不仁德的东西加于己身。有谁能在某一天把自己的力量用在仁德上呢?我没见到力量不够的。大概这种人还是有的,我没见到罢了。”

4.7 子曰:“人之过也,各于其党。观过,斯知仁矣[①]。”

【注释】

①知仁:有的《论语》注本依据清代学者的说法,认为这一章的“仁”同“人”。“知仁”在秦汉典籍中并不鲜见,没有必要改读“知人”。详见北大出版社《论语新注新译》这一章的“考证”。

【译文】

孔子说:“什么样的人犯什么样的错误。仔细考察某人的过错,就可以了解他是否具有仁德了。”

4.8 子曰:“朝闻道,夕死可矣。”

【译文】

孔子说:“早晨得知了真理,要我晚上死都可以。”

4.9 子曰:“士志于道,而耻恶衣恶食者,未足与议也。”

【译文】

孔子说:“读书人有志于真理,却又以吃粗粮穿破衣为耻辱,便不值得同他商议了。”

4.10 子曰:“君子之于天下也,无适也,无莫也[①],义之与比[②]。”

【注释】

①无适也,无莫也:适、莫很难理解,译文依据较早的郑玄注。

②义之与比:可理解为“与义比”;比,音 bì,挨着,靠拢。

【译文】

孔子说:“君子活在天底下,没有永恒的朋友,也不盲目钦羡,一切都取决于是否符合道义。”

4.11 子曰:“君子怀德,小人怀土;君子怀刑[①],小人怀惠。”

【注释】

①刑:古代法律制度的“刑”作“刑”,刑罚的“刑”作“荆”。

【译文】

孔子说:“君子怀念道德,小人怀念土地;君子关心法度,小人关心恩惠。”

4.12 子曰:“放于利而行[①],多怨。”

【注释】

①放：音 fǎng，依据。

【译文】

孔子说："依据自己的利益而行事，会招致许多怨恨。"

4.13 子曰："能以礼让为国乎[①]？何有[②]？不能以礼让为国，如礼何？"

【注释】

①为国："为"是古代汉语中一个含义很宽泛的动词，类似于现代汉语的动词"搞""做""打"；这里可以译为"治理"。

②何有：有何困难；这是春秋战国时常用语。

【译文】

孔子说："能够用礼让来治理国家吗，这有什么困难呢？如果不能用礼让来治理国家，又拿这礼仪怎么办呢？"

4.14 子曰："不患无位，患所以立[①]；不患莫己知，求为可知也。"

【注释】

①患所以立：担心能否站得住。《左传》成公十七年："人所以立，信、知、勇也。"沈玉成译作："人能站得住，是由于有信用、明智、勇敢。"有的《论语》注本说这一句的"立"通"位"，不确。

【译文】

孔子说："不发愁没有职位，只发愁没有安身立命的本领；不怕没有人了解自己，只追求可以让人了解自己的真本事。"

4.15 子曰："参乎！吾道一以贯之[①]。"曾子曰："唯。"子出，门人问曰："何谓也？"曾子曰："夫子之道，忠恕而已矣[2]。”

【注释】

①贯:贯穿。

②忠、恕:对这二字,孔子都下了定义。忠,己欲立而立人,己欲达而达人;恕,己所不欲,勿施于人。

【译文】

孔子说:“参哪!我的学说贯穿着一个基本概念。”曾子说:“是的。”

孔子走出去以后,别的学生便问道:“这是什么意思?”曾子说:“他老人家的学说,只是忠和恕罢了。”

4.16 子曰:“君子喻于义[1],小人喻于利。”

【注释】

①喻:明白,懂得。

【译文】

孔子说:“君子明白义,小人明白利。”

4.17 子曰:“见贤思齐焉,见不贤而内自省也。”

【译文】

孔子说:“看见贤人,就想着向他看齐;看见不贤的人,就反省自己〔有没有和他一样的毛病〕。”

4.18 子曰:“事父母幾谏[1],见志不从,又敬不违[2],劳而不怨[3]。”

【注释】

①幾:音jī,轻微,婉转。

②违：冒犯。

③劳：王引之说这一“劳”是忧愁的意思，不确；它是劳苦的意思，和《尧曰》的“劳而不怨”意思一样。详见北大出版社《论语新注新译》这一章的“考证”。

【译文】

孔子说：“侍奉父母，〔对他们的过错〕，要轻微地劝止，若见到他们的心意是不打算听从规劝，仍然恭敬地不触犯他们，虽然劳苦，但不埋怨。”

4.19 子曰：“父母在，不远游，游必有方①。”

【注释】

①父母在，不远游，游必有方：古代交通不方便，信息不灵通，出门旷日持久，父母便会失去照顾；一旦得病，无法得知；一旦去世，也难以奔丧。所以孔子这样说。

【译文】

孔子说：“父母在世，不出远门；定要出远门，必须有一定的去处。”

4.20 子曰：“三年无改于父之道，可谓孝矣①。”

【注释】

①参见1.11，译文亦同。

4.21 子曰：“父母之年，不可不知也。一则以喜，一则以惧。”

【译文】

孔子说：“父母的年纪不能不时时记在心里：一来因〔其高寿〕而欢喜，一来又因〔其寿高〕而有所恐惧。”

4.22 子曰:"古者言之不出,耻躬之不逮也[①]。"

【注释】

①耻躬之不逮:耻,以为可耻,动词;逮,音 dài,及,赶上。

【译文】

孔子说:"古时候言语不轻易出口,就是怕自身的行动赶不上。"

4.23 子曰:"以约失之者鲜矣。"

【译文】

孔子说:"因为约束自己而犯过失的,总不多见。"

4.24 子曰:"君子欲讷于言而敏于行[①]。"

【注释】

①讷:音 nè,言语迟钝。

【译文】

孔子说:"君子希望言语要谨慎迟钝,工作要勤快敏捷。"

4.25 子曰:"德不孤,必有邻。"

【译文】

孔子说:"有道德的人不会孤单,一定会有〔志同道合的人来和他做〕伙伴。"

4.26 子游曰:"事君数[①],斯辱矣;朋友数[②],斯疏矣。"

【注释】

①、②数:音 shuò,密,屡屡。这里依上下文意当理解为"烦琐"。

【译文】

子游说:"对待君主过于烦琐,就会招致侮辱;对待朋友过于烦琐,反而会被疏远。”

【评鉴】

仁者

本篇前7章主要探讨仁者气象。在孔子看来,“仁”既是现实的,又是理想的。“仁”是现实的,因为孔子讨论“仁者”用的都是事实陈述,宛若“里仁”而居一般。“仁”又是理想的,因为孔子认可的“仁者”都是历史典籍中的人物,并非生活在当世。这就为孔子以仁德的理想、“仁者”的道德模型匡正世道提供了可能性。

《论语》描绘的“仁者”的品质丰富多彩,择其大要,在于一个“安”字。“仁者”以仁德为归依,心存仁爱,志向高远。孔子评价伯夷、叔齐“求仁而得仁,又何怨”(7.15)。“仁者”是道德的王者,本身贵不可言,无以复加。具备了仁德,其他的东西,如名望、权位自然会相从而来。即便外部条件不允许,“仁者”也能够安于现状,保持内心的平和,悠然自得。臻于此境,仁者不会有烦恼(9.29),能够勇往直前,无所畏惧(14.4),也自然能够获得长寿(6.23)。孔子十分强调“仁”内在的一面,笃信一个内心具有仁德的人必然能够胜任世间的一切烦冗。这当然是理想化的描述,但一个道德与智慧超群的人,确实比一般人更能适应艰苦的磨砺与利益的侵蚀,所以,“仁”是值得向往的。

“仁”也是可以亲近的。“仁者”不一定要有名世的功绩,不需要权位做基础,只需做到“立己立人”“达己达人”,设身处地为他人着想(6.30)。同时,孔子也愿意从功绩上判断一个人是否是“仁者”。为此,在道德行为细节的评判上似乎可以降低门槛。比如不守礼,铺张浪费的管仲(3.22),因为他匡正社稷,驱逐夷狄有功,也算符合仁德(14.16、14.17)。“仁者”的标准是多维的,也是有弹性的。“仁者”不用那么完美,他们也会犯错误,但正是从他的错误中,能够判断他是否称得上“仁者”(4.7)。“仁”可以学,任何人都能一定程度上践行仁德(4.6),难得的是一直遵从仁德。孔子最喜欢的学生颜回,能做到“三月不违仁”,其他的学生也能偶尔为之(6.7)。一个品德高尚的人应该时时刻刻把践行“仁德”挂在心上,在艰难困苦中孜孜以求(4.5)。

观过知仁

《左传》有一句名言:“人谁无过?过而能改,善莫大焉。”(宣公二年)人不能不犯错误,圣贤也不能幸免。人之所以会犯错,是因为人人都有自身的局限(关于这一点的探讨,见《尧曰》的“评鉴”)。孔子十分清楚地认识到,人的才智总有不足胜任的时候,期望十全十美只会让人束手束脚或者干脆超然世外,这不是儒家的立场。君子应该在重大的问题上恪守原则,在小事上不过分苛求(19.11),这正是对人的有限性的正视与宽容。

正视错误是对人的有限性的坦然面对;改正错误,人便能够超越自身的局限,向更高的境界迈进。人不怕犯错误,怕的是“不善不能改”(7.3)。改正错误是艰难的,所以孔子说“吾未见能见其过而内自讼者”(5.27)。改正错误首先要做到正视错误。人的有限性会将人束缚在现有的困境中,只有德行智慧高超的人才可能打破这种枷锁。德行不足的人难以面对自己的过错,总会为自己找各种各样的借口。孔子批评冉求说:“君子疾夫舍曰欲之而必为之辞。”(16.1)子夏说:“小人之过也必文。”(19.8)就是这个道理。真正的君子不会掩盖自己的过错,君子的过错就像日食、月食一般,犯错人人都能看到,改错人人都会钦佩(19.21)。

过错最能检验君子的品格,所以孔子说“观过,斯知仁矣”(4.7)。世间不乏伪善之人,若仅以善行论,在有限的时段和一定的事务中,君子的表现未必胜得过伪君子,但从一个人的过错中往往更能检验出他的真伪。过错有很多种,什么样的人犯什么样的错。发现了过错也就找到了症结,对于君子自己来说,这为他提供了反省的机会，帮助他改过自新；他人也能够从他的过错和他改过的行为中了解他的品格。孔子说践行仁德有两种方式，一是以仁德为努力的方向，二是不让不仁德发生在自己身上(4.6)。“过则勿惮改”(9.25)属于后一种方式，是达到仁德的重要法门。改过是大学问，一个人改过的能力相当于他践行仁德的能力，颜回“不贰过”(6.3)方能“三月不违仁”(6.7)。如何通过改过践行仁德，惜乎《论语》提及甚少，只有一句“克己复礼为仁”(12.1)，即克制自身的惰性与欲望，以礼制规范自身的思虑与言行。

公冶长篇第五

5.1 子谓公冶长[①],“可妻也[②]。虽在缧绁之中[③],非其罪也。”以其子妻之[④]。

【注释】

①公冶长:孔子学生,齐人。

②妻:这里活用为动词,音 qì。

③缧绁:音 léixiè,拴罪人的绳索,这里代指监狱。

④子:儿女,此处指的是女儿。

【译文】

孔子评价公冶长,“可以把女儿嫁给他。他虽然在监狱里关过,但不是他的罪过。”便把自己的女儿嫁给他。

5.2 子谓南容[①],“邦有道,不废;邦无道,免于刑戮。”以其兄之子妻之。

【注释】

①南容:孔子的学生南宫适(kuò),字子容。

【译文】

孔子评价南容,“国家政治清明,〔总有官做,〕不被废弃;国家政治黑暗,也不会招致刑罚。”便把哥哥的女儿嫁给他。

5.3 子谓子贱[①],“君子哉若人!鲁无君子者,斯焉取斯?”

【注释】

①子贱:孔子学生宓不齐,字子贱,小孔子四十九岁(前 502—?)。

【译文】

孔子评价宓子贱，“这人真是君子啊！假如鲁国没有君子，这个人从哪里取来这种好品德呢？”

5.4 子贡问曰：“赐也何如？”子曰：“女，器也。”曰：“何器也？”曰：“瑚琏也①。”

【注释】

①瑚琏：音 húliǎn，即簠簋，古代祭祀时用的器皿，相当尊贵。

【译文】

子贡问道：“我这人怎样？”孔子说：“你好比一个器皿。”子贡说：“什么器皿呢？”孔子说：“瑚琏。”

5.5 或曰：“雍也仁而不佞①。”子曰：“焉用佞？御人以口给②，屡憎于人。不知其仁③，焉用佞？”

【注释】

①雍也仁而不佞：雍，孔子学生冉雍，字仲弓；佞，音 nìng，能言善辩，有口才。

②口给：言辞不穷，辩才无碍；给，足。

③不知其仁：不知，是孔子否定的委婉方式；这句话是说冉雍还达不到“仁”的水平。

【译文】

有人说：“冉雍这个人哪，有仁德而无口才。”孔子说：“何必要口才呢？伶牙俐齿和人争论，常会使人讨厌。我不晓得冉雍仁不仁，但何必要口才呢？”

5.6 子使漆雕开仕①。对曰：“吾斯之未能信②。”子说。

【注释】

①漆雕开：姓漆雕，名开，字子若，孔子学生。

②这句可以理解为“吾未能信斯”，用“之”来使宾语“斯”前置；斯，代词。

【译文】

孔子让漆雕开去做官。他答道：“我对这个还没有信心。”孔子听了很高兴。

5.7 子曰：“道不行，乘桴浮于海[①]。从我者，其由与？”子路闻之喜。子曰：“由也好勇过我，无所取材[②]。”

【注释】

①桴：音 fú，此字上古音近似现在的“簰”，当是“簰”的本字。

②无所取材：没地方获取木材。好些《论语》注本解“无所取”为“不可取”，又说“材”通“哉”。但在先秦汉语中，我们未见“无所取”表达对某种性格、性情、态度等表示不认可、不赞同的意义，而只是表示没有“拿走”什么，因此不能理解为“不可取”。然则“材”也就不能读作“哉”了。详见北大出版社《论语新注新译》这一章的“考证”。

【译文】

孔子说：“主张贯彻不了，我想坐个小木簰亡命海外，跟随我的，恐怕只有仲由吧！”子路听了这话，十分高兴。孔子说：“仲由的好勇甚至超过了我，只是没有地方获取扎木簰用的木材！”

5.8 孟武伯问子路仁乎？子曰：“不知也。”又问。子曰：“由也，千乘之国，可使治其赋也[①]，不知其仁也。”

“求也何如？”子曰：“求也，千室之邑[②]，百乘之家[③]，可使为之宰也[④]，不知其仁也。”

“赤也何如[⑤]？”子曰：“赤也，束带立于朝，可使与宾客言也，不知其仁也。”

【注释】

①赋：兵赋，军政工作。

②邑:古代庶民居住之所。

③家:古代卿大夫的封地——采邑。

④宰:古代一县之长和大夫家的总管。

⑤赤:孔子学生,姓公西,名赤,字子华,比孔子小四十二岁。

【译文】

孟武伯问孔子子路是否有仁德。孔子说:“不知道。”他又问,孔子便说:“由哇,有一千辆兵车的〔中等〕国家,可以让他负责兵役和军政工作。至于他仁不仁,我不知道。”

〔孟武伯继续问:〕“冉求又怎么样呢?”孔子说:“求哇,千户人家的私邑,百辆兵车的大夫封地,可以让他去当负责人。至于他仁不仁,我不知道。”

“公西赤又怎么样呢?”孔子说:“赤啊,穿着礼服,立于朝廷之上,可以让他接待外宾,办理交涉。至于他仁不仁,我不知道。”

5.9 子谓子贡曰:“女与回也孰愈[①]?”对曰:“赐也何敢望回?回也闻一以知十,赐也闻一以知二。”子曰:“弗如也;吾与女弗如也[②]。”

【注释】

①愈:超过,胜过。

②吾与女弗如也:朱熹《论语集注》说:“与,许也。”杨伯峻先生《论语译注》因此译此句为:“我同意你的话,是赶不上他。”这样,“与”就应读成 yù,同意、赞同的意思。我们以为,这句的“与”应当视为连词。因为,在《论语》时代以迄后来很长一段时间,“与”为动词表“赞同”义而读作 yù 时,它后面的宾语都很简单,从未见“女弗如也”这样结构复杂的宾语。而在那一时期,连词“与”连接“吾”和“女”“汝”,后面再接上一个谓语性质的结构,是很普遍的。如《左传》成公十三年:“吾与女伐狄。”详见北大出版社《论语新注新译》这一章的“考证”。蒋绍愚先生有《读论语札记》(《中国语言学》第四辑),也是这么认为的。

【译文】

孔子对子贡说:"你和颜回,谁更强些?"子贡答道:"我呢怎敢和颜回相比?颜回呀,听到一件事,可以推知十件事;我呢,听到一件事,只能推知两件事。"孔子说:"不如他呀,我和你都不如他呀!"

5.10 宰予昼寝。子曰:"朽木不可雕也,粪土之墙不可杇也①;于予与何诛?"子曰②:"始吾于人也,听其言而信其行;今吾于人也,听其言而观其行。于予与改是。"

【注释】

①杇:音 wū,把墙抹平。

②这是孔子另一时间所说的,故插入"子曰"二字。

【译文】

宰予白天睡觉。孔子说:"腐朽糜烂的木头雕刻不得,斑驳污秽的土墙粉刷不得;对于宰予嘛,说他什么好呢?"又说:"原先,我对别人,听到他的话,便相信他的行为;今天,我对别人,听到他的话,还要考察他的行为。通过宰予这事儿,我改成了现在的态度。"

5.11 子曰:"吾未见刚者。"或对曰:"申枨①。"子曰:"枨也欲,焉得刚?"

【注释】

①申枨:"枨"音 chéng;《史记·仲尼弟子列传》中有申党,古音"党"和"枨"相近,那么"申枨"就是"申党"。

【译文】

孔子说:"我没见过刚直不阿的人。"有人答道:"申枨是这样的人。"孔子说:"申枨啊,他欲望太多,怎能做到刚直不阿?"

5.12 子贡曰："我不欲人之加诸我也[①]，吾亦欲无加诸人。"子曰："赐也，非尔所及也。"

【注释】

①加：施加（侮辱）。

【译文】

子贡说："我不想让别人骑在我头上，我也不想骑在别人头上。"孔子说："赐啊，这不是你能做到的呀。"

5.13 子贡曰："夫子之文章[①]，可得而闻也；夫子之言性与天道[②]，不可得而闻也。"

【注释】

①文章：指有关古代文献的学问。

②性与天道：性，人的本性；天道，一般指自然和人类社会祸福凶吉的关系。

【译文】

子贡说："老师关于文献方面的学问，我们听得到；老师关于人性和天道的言论，我们听不到。"

5.14 子路有闻，未之能行，唯恐有闻[①]。

【注释】

①有闻：有的《论语》注本说，这一章第二个"有闻"的"有"通"又"。这没有什么道理。先秦时期，如果是"又闻"，必须带宾语。如"问一得三，闻《诗》，闻《礼》，又闻君子之远其子也"（《季氏》）。详见北大出版社《论语新注新译》这一章的"考证"。但翻译时，却要将句子中隐含的"又"的意义呈现出来。

【译文】

子路有所闻，还没来得及实行它，只怕又有所闻。

5.15 子贡问曰："孔文子何以谓之'文'也[①]？"子曰："敏而

好学,不耻下问,是以谓之‘文’也。”

【注释】

①孔文子:卫国大夫孔圉(yǔ),比孔子早死一年。

【译文】

子贡问道:“孔文子凭什么被谥为‘文’?”孔子说:“他聪敏灵活,爱好学问,又不以向比他地位低的人发问为耻,所以谥他为‘文’。”

5.16 子谓子产①,“有君子之道四焉:其行己也恭,其事上也敬,其养民也惠,其使民也义”。

【注释】

①子产:公孙侨,字子产,郑穆公之孙,为春秋时郑国的贤相,在郑简公、定公时执政二十二年。他从容周旋于争战不息的晋楚两强间,使国家得到尊重和安全,是一位杰出的政治家、外交家。

【译文】

孔子评论子产,说:“他有四种行为合乎君子之道:他自己的容颜庄严恭敬,他对待君上负责认真,他凭恩惠教养人民,他用道义役使人民。”

5.17 子曰:“晏平仲善与人交①,久而敬之。”

【注释】

①晏平仲:齐国的贤大夫晏婴。

【译文】

孔子说:“晏平仲善于和人交往,相处越久,别人越敬重他。”

5.18 子曰:“臧文仲居蔡①,山节藻棁②。何如其知也③?”

【注释】

①臧文仲居蔡:臧文仲,鲁国大夫臧孙辰(?—前617);居,动词,使……居;

蔡,大龟。

②山节藻棁:节,柱上斗拱;棁(zhuō),梁上短柱;山、藻,均用作定语。

③何如其知也:“其知何如也”的倒装;知,同“智”。何如其知也,实际上是用反问来否定臧文仲。其知,他的智慧,他的聪明程度,他的智商。《孟子·告子上》:“使弈秋诲二人弈,其一人专心致志,惟弈秋之为听。一人虽听之,一心以为有鸿鹄将至,思援弓缴而射之,虽与之俱学,弗若之矣。为是其智弗若与?曰:非然也。”

【译文】

孔子说:“臧文仲替一只叫蔡的大乌龟盖了间房,有巨大的斗拱和画着藻草的梁上短柱,这人的智力又如何呢?”

5.19 子张问曰:“令尹子文三仕为令尹[①],无喜色;三已之,无愠色。旧令尹之政,必以告新令尹。何如?”子曰:“忠矣。”曰:“仁矣乎?”曰:“未知;焉得仁?[②]”

“崔子弑齐君[③],陈文子有马十乘[④],弃而违之[⑤]。至于他邦,则曰,‘犹吾大夫崔子也’。违之。之一邦,则又曰:‘犹吾大夫崔子也。’违之。何如?”子曰:“清矣。”曰:“仁矣乎?”曰:“未知;焉得仁?”

【注释】

①令尹子文:楚国的宰相叫令尹;子文即鬬穀於菟(音 dòugòuwūtú)。

②未知;焉得仁:因为不明智,怎么称得上“仁”呢。知,读作“智”。因为,1.这一章两处“未知”,郑玄和王充《论衡》都读作“未智”,而且在先秦汉语中,“未知(zhī)”一般都要带宾语。2.“焉得”在当时语言中,总是处在因果、条件复句的第二个从句中。结合史籍记载的令尹子文推荐继任者“败而丧其众”,可知这一章的“未知;焉得仁”是因果复句。结合“择不处仁,焉得知”(4.1),又可见孔子认为仁与智是互为先决条件的。详见北大出版社《论语新注新译》这一章的“考证”(一)。

③崔子弑齐君:崔子,齐国大夫崔杼(zhù);齐君,齐庄公,名光;弑,在下的人

杀在上的人;此事见《左传》襄公二十五年。

④陈文子:齐大夫,名须无。

⑤弃而违之:舍弃(马)并离开它(齐国)。弃,放弃,舍弃;违,离开。有人可能会说"弃"和"违"的宾语都应该是"之"。但如果这样,"陈文子有马十乘"就落空了。其实当时类似句子,前后两个动词共用位于后一动词后面"之"的固然多,但不共用的也不少。仅举两例:"楚师方壮,若萃于我,吾师必尽,不如收而去之。"(《左传》宣公十二年)收而去之——收兵离开这里。"楚之边邑曰卑梁,其处女与吴之边邑处女桑于境上,戏而伤卑梁之处女。卑梁人操其伤子以让吴人,吴人应之不恭,怒,杀而去之。"(《吕氏春秋·先识览》)杀而去之——杀吴人然后离开这里。但我们并不认为句中的"之"是凑足音节的"小品词"。详见北大出版社《论语新注新译》这一章的"考证"(二)。

【译文】

子张问道:"令尹子文好几次做令尹,没显出高兴的样子;好几次被罢免,没显出恼怒的样子。〔每次去职,〕一定把自己的政令全都告诉接位的人。他怎么样?"孔子说:"可算是尽忠国家了。"子张说:"算不算是仁呢?"孔子说:"他未能做到'智',怎么能够算'仁'呢?"

子张又问:"崔杼杀了齐庄公,陈文子有马四十匹,舍弃不要,离开齐国。到了外国,又说道:'这里掌权的和我们的崔子一样。'又离开。又到了一国,又说道:'这里掌权的和我们的崔子一样。'于是又离开。他怎么样?"孔子说:"清白得很。"子张说:"算不算仁呢?"孔子说:"他未能做到'智',怎么能够算'仁'呢?"

5.20 季文子三思而后行①。子闻之,曰:"再②,斯可矣。"

【注释】

①季文子:鲁国大夫季孙行父。孔子说这话时,文子死了已很久了。

②再:两次;季文子太世故圆滑,所以孔子这样说。

【译文】

季文子每件事要考虑多次才行动。孔子听说了这事,说:"想两次，也就可以了。”

5.21 子曰：“宁武子[①]，邦有道，则知；邦无道，则愚。其知可及也，其愚不可及也。”

【注释】

①宁武子：卫国贤大夫，姓宁名俞。

【译文】

孔子说：“宁武子在国家太平时，便聪明；在国家昏暗时，便装傻。他那聪明，别人赶得上；那装傻，别人就赶不上了。”

5.22 子在陈[①]，曰：“归与！归与！吾党之小子狂简[②]，斐然成章，不知所以裁之[③]。”

【注释】

①陈：国名，姓妫，舜的后代，春秋末被楚所灭。

②简：简略；用于形容人的性格一根筋，耿直。

③裁：剪裁，引申为指导。

【译文】

孔子在陈国，说：“回去吧！回去吧！我们那里的学生狂放而耿直，文采又斐然可观，我都不知道再用什么去指导他们了。”

5.23 子曰：“伯夷、叔齐不念旧恶[①]，怨是用希[②]。”

【注释】

①伯夷，叔齐：孤竹国君的两个儿子，父亲死了，互相让位，都逃到了周文王那里。周武王起兵讨伐商纣，他们拦住车马劝阻。他们以食周粟为耻，饿死在首阳山。恶，仇恨。

②怨是用希：这句话有歧义，到底是我的怨恨少呢，还是别人对我的怨恨少？若干《论语》注本解释得各不相同。我们认为，杨伯峻先生《论语译注》译为“别

人对他们的怨恨也就很少”是对的。因为《论语》时代的语言中,当“怨”表示怨恨,且处于主语位置时,一般表示他人的怨恨,很少例外。详见北大出版社《论语新注新译》这一章的“考证”。是用,因此。希,稀、少。

【译文】

孔子说:“伯夷、叔齐两兄弟不记念过去的仇恨,怨恨他们的因此很少。”

5.24 子曰:“孰谓微生高直①?或乞醯焉②,乞诸其邻而与之。”

【注释】

①微生高:即《庄子》《战国策》里的尾生高。

②醯:音 xī,醋。

【译文】

孔子说:“谁说微生高这人直爽?有人向他讨点儿醋,〔他不说没有,〕却到邻居那里讨要一点给那人。”

5.25 子曰:“巧言、令色、足恭①,左丘明耻之②,丘亦耻之。匿怨而友其人,左丘明耻之,丘亦耻之。”

【注释】

①足恭:屈膝做出一副恭敬的样子。《大戴礼记·表记》:“君子不失足于人,不失色于人,不失口于人。”《曾子立事篇》:“足恭而口圣,而无常位者,君子弗与也。”失足,即足恭;失色,即令色;失口,即巧言。译文化用其意。有的注本读足为 jù,似乎不必。详见北大出版社《论语新注新译》这一章的“考证”。

②左丘明:历来相传为《左传》和《国语》的作者。现可以肯定:甲,《国语》和《左传》的作者不是一人;乙,两书都非与孔子同时或较早于孔子的左丘明所作。

【译文】

孔子说:“花言巧语,满脸堆笑,屈膝以为恭顺,这种态度,左丘明认为可耻，我也认为可耻。内心怨恨某人，却装作和他亲热，这种行为，左丘明认为可耻，我也认为可耻。”

5.26 颜渊季路侍[①]。子曰：“盍各言尔志[②]？”

子路曰：“愿车马衣轻裘与朋友共敝之而无憾[③]。”

颜渊曰：“愿无伐善[④]，无施劳[⑤]。”

子路曰：“愿闻子之志。”

子曰：“老者安之，朋友信之，少者怀之[⑥]。”

【注释】

①侍：《论语》有时单用一“侍”字：孔子坐着，弟子站着；有时用“侍坐”：孔子、弟子均坐；“侍侧”：或坐或立不定。

②盍：“何不”的合音字。

③愿车马衣轻裘与朋友共敝之而无憾：这一句有两种读法。第一种从“共”字断句，把“共”字当作谓词。第二种作一句读，把“共”字当作状语，修饰“敝”字。我们认同第二种读法。因为，在《论语》时代的语言中，相较于“共”作谓语，它作状语的频率要高得多；即使“共”作谓语，其后一般也都带有宾语。详见北大出版社《论语新注新译》这一章的“考证”（一）。这句中的“轻”是后人加上去的。

④伐：夸耀。

⑤施：孔安国说：“不以劳事置施于人。”即，不麻烦别人劳神费力。详见北大出版社《论语新注新译》这一章的“考证”（二）。

⑥安，信，怀：三字均为动词的使动用法。详见北大出版社《论语新注新译》这一章的“考证”（三）。

【译文】

孔子坐着，颜渊、季路站在孔子旁边。孔子说：“你俩何不说说各自的志向？”

子路说：“我愿将车马衣服和朋友共同使用直到破烂也没遗憾。”

颜渊说：“愿意不吹嘘自己如何了得，不麻烦别人劳神费力。”

子路问孔子说：“希望听听您的志向。”

孔子说："〔我的志向是，〕老者使他安逸，朋友使他信任我，年轻人使他怀念我。"

5.27 子曰："已矣乎，吾未见能见其过而内自讼者也。"

【译文】

孔子说："得了吧，我还没见过能看见自己的错误便自我批评的人呢。"

5.28 子曰："十室之邑，必有忠信如丘者焉，不如丘之好学也。"

【译文】

孔子说："即便十户人家的地方，也一定有像我这样既忠心又信实的人，只是不如我热衷学问罢了。"

【评鉴】

知

本篇主要谈"知"，"知"与"智"是古今字，即智慧。"知"在孔子的思想体系里十分重要，"仁"的推广需要"知"来实现。从"知者利仁"的角度考虑，"知"应该和"仁"在实践维度上是契合的。一个智虑低下的人不可能达到"仁"的要求，或者说具备"知"是达到"仁"的前提。本篇第十九章，孔子两次提到"未知，焉得仁"即是明证。而这一章和"择不处仁，焉得知"(4.1)又可互证。"知"不可简单理解为智力或者智商，智者也不仅仅是指聪明人。恰恰相反，孔子很反感那些耍小聪明的人，比如巧言善辩的人(5.5)。孔子所说的智慧是实践的智慧，不是夸夸其谈，所以他特别强调先行后言。实践的智慧要求具备相应的知识；知识不是静态的，是要随着实践的开展而不断丰富。孔子说"君子不器"(2.12)。工具只有一定的用途，而人因为拥有智慧,可以不断打破自身的局限,向更高明的境界迈进。“见贤思齐,见不贤而内自省”(4.17)就是这个道理。治学、精思、实践不可偏废,但最终归结到“行”,也就是实践上来,本篇第二十章,孔子并不赞同“三思而后行”,意思是不要顾虑太多,因为空想没有用,实践方能出真知。

除了知识,智慧大抵还有几个方面,其一是“阙疑”,“多闻阙疑,慎言其余,则寡尤;多见阙殆,慎行其余,则寡悔”(2.18)。人不可能什么都知道,明白什么是不知道的,本身就是一种智慧(2.17)。孔子“敬鬼神而远之”(6.22),“未知生,焉知死”(11.12)都是对未知的领域保持敬畏。不能因为有些知识尚未把握,有些问题还没有考虑清楚就无所事事。既要做事,又要减少犯错,智者的方式是把已知的内容把握好,用于实践,同时为未知的领域留出空间。表现在态度上,就是谨慎,所以孔子让漆雕开当官,漆雕开表现出不自信,孔子是赞赏的(5.6)。相反,子路过于鲁莽,见识跟不上行动,这样就难免犯错,所以孔子开玩笑说没有地方获取扎木簰用的木材,比喻子路的“好勇”是没有处世智慧做保障的(5.7)。“阙疑”指向的是开放的心胸与豁达的境界,不被所知所见与所处的境域拘泥与限制。

另一方面,“知”也要求主体懂得适应环境,了解他人即“知人”,表现为高超的处世智慧。齐国著名政治家晏子善于和他人打交道,所以被人敬重(5.17)。孔子主张做人要有原则,但也要注意口碑,尽量做到不遭人嫉恨。因为一个人如果名誉不佳,在岗位上就会难以行事,在民间也难以产生好的影响,还有可能招致麻烦。孔子心中的智者是“邦有道,不废;邦无道,免于刑戮”(5.2),一个不被社会所容纳的人,一定是本身有问题。社会环境如果不佳,适度的“隐”和“愚”就是最好的处世方式。所以本篇第十九章的令尹子文、陈文子虽然品节高尚,但不能为邦国所容(子文所荐之人“败而丧其众”),算不上“知”,自然也就称不上“仁”。

孔子所说的智慧，本质上是一种在理想驱使下的强大内心力量。相比于放弃，坚持更难；相比于一鼓作气向前冲，迂回前进，等待机会而坚忍不拔、永不言弃更难；相比于不思不虑，储备知识，思前想后更难；相比于把一切考虑清楚再做事，把不懂的存疑，同时做好其他方面更难。孔子总是教给人们更辛苦的方式，不是因为他不够通达，而是因为世事本来曲折艰难。面对困难的现状，直视理想与现实之间的距离，本来就是一件要求极高的事情，也只有志存高远，拥有强大内心力量的人才能在逆境中羽翼逐渐丰满，进而建功立业。因而孔子的思想核心，“仁”与“知”，既是理想的，又是现实的。“仁”偏向于理想，而“知”则更倾向于接榫现实。

雍也篇第六

6.1 子曰："雍也可使南面[①]。"

【注释】

①南面：刘向《说苑·修文篇》说："南面者，天子也。"与先秦文献相核对，这一说法比较可信。有的《论语》注本说"南面"指卿大夫，文献依据不足。详见北大出版社《论语新注新译》这一章的"考证"。

【译文】

孔子说："冉雍这个人，有能力君临天下。"

6.2 仲弓问子桑伯子[①]。子曰："可也简。"

仲弓曰："居敬而行简，以临其民，不亦可乎？居简而行简，无乃大简乎[②]？"子曰："雍之言然。"

【注释】

①子桑伯子：此人已无可考，很可能是卿大夫。

②无乃大简乎：无乃，难道不是；大，同太。

【译文】

仲弓问到子桑伯子这个人。孔子说："他简单得好。"

仲弓说："若存心严肃认真，而以简单行之，〔识大体，不烦琐，〕来治理百姓，不也可以吗？若存心简单，又以简单行之，不是太简单了吗？"孔子说："雍的这话是对的。"

6.3 哀公问弟子孰为好学。孔子对曰："有颜回者好学，不迁怒，不贰过。不幸短命死矣[①]，今也则亡，未闻好学者也。"

【注释】

①不幸短命死矣:颜渊死于鲁哀公十四年(前481),年仅四十一岁。

【译文】

鲁哀公问孔子的学生中谁更好学。孔子答道:“有一个叫颜回的人好学,不拿别人出气,也不再犯同样的过失。不幸短命死了,现在再没有这样的人了,再也没听说有好学的人了。”

6.4 子华使于齐[①],冉子为其母请粟[②]。子曰:“与之釜[③]。”

请益。曰:“与之庾[④]。”

冉子与之粟五秉[⑤]。

子曰:“赤之适齐也,乘肥马,衣轻裘[⑥]。吾闻之也:君子周急不继富[⑦]。”

【注释】

①使:音 shì,出使。

②粟:小米。

③釜:音 fǔ,古代容量名,相当于当时的六斗四升,约合今天的一斗一升八合;也即大约二十四斤。

④庾:音 yǔ,古代容量名,相当于当时的二斗四升,约合今天的四升八合;也即大约九斤半。

⑤秉:古代容量名,相当于当时的十六斛(一百六十斗),约合今天的三石二十升;也即大约六百四十斤。

⑥衣:音 yì,活用为动词,穿。

⑦周:后代写作“赒”(简体字写作“周”),救济。

【译文】

公西华出使齐国,冉有替他母亲请求发给小米。孔子说:“给他一釜。”

冉有请求增加。孔子说:“再给他一庾。”

冉有却给了他五秉。

孔子说："公西赤到齐国去，坐着高头大马拉的车，穿着轻便暖和的皮袍。我听说，君子只雪中送炭，不锦上添花。"

6.5 原思为之宰①，与之粟九百②，辞。子曰："毋！以与尔邻里乡党乎③！"

【注释】

①原思：孔子弟子原宪，字子思；之，指孔子而言。

②九百：下无量词。

③邻里乡党："五家为邻，二十五家为里，五百家为党，一万二千五百家为乡。"

【译文】

原思任孔子家的总管，孔子给他小米九百，他不肯受。孔子说："别推辞！有多的，给你家乡〔的穷人〕吧！"

6.6 子谓仲弓曰①："犁牛之子骍且角②，虽欲勿用③，山川其舍诸④？"

【注释】

①子谓仲弓曰：孔子对仲弓说。如3.1注①所说，《论语》中，"～～谓～～"的格式，是"～～评论～～"的意思；而"～～谓～～曰"的格式，是"～～对～～说"的意思，二者判然不紊。好些《论语》注本仅仅依据"情理"而将"子谓仲弓曰"标点为"子谓仲弓，曰"，是不对的。详见北大出版社《论语新注新译》这一章的"考证"(一)，也可参考孙钦善先生《论语本解》(三联书店2013年)这一章的注释。

②犁牛之子骍且角：犁牛，又作"骊牛"，黄黑杂色的牛；骍(xīng)，纯赤色，周朝尚赤，祭祀时也用赤色牲畜；角，名词动用，指两角长得周正。详见北大出版社《论语新注新译》这一章的"考证"(二)。

③用：用作牺牲；据《史记·仲尼弟子传》，仲弓的父亲是贱人，孔子却认为其

子“可使南面”。古代祭祀牺牲不用骊牛及骊牛之子。孔子这番话的意思是：骊牛之子如果够得上作牺牲，山川之神一定会接受这种祭享。那么，仲弓这样的人才，为什么因他父亲下贱而舍弃不用呢？

④诸：“之乎”的合音字。

【译文】

孔子对冉雍说：“杂色牛的儿子浑身纯赤，两角齐整，即使想要不把它用作祭祀的牺牲，山川之神会舍得放弃它吗？”

6.7 子曰：“回也，其心三月不违仁[①]，其余则日月至焉而已矣[②]。”

【注释】

①三月：指较长时间。《述而》：“子在齐闻《韶》，三月不知肉味。”

②日月至焉：“日月”，名词作状语，修饰动词“至”。焉，于此；此，指代上文的“仁”。这里的“日月”不是时间词，而是指太阳月亮。日月至焉，像太阳月亮每天升起又落下一样到此应应景，点点卯。《论语》时代的典籍中，“日月”一般都指太阳月亮，极少例外。参见17.1注④。

【译文】

孔子说：“颜回呀，他的心长时间都不离开仁德，别的学生嘛，只是像太阳月亮每天升起又落下一样到这儿应应景罢了。”

6.8 季康子问仲由可使从政也与。子曰：“由也果，于从政乎何有[①]？”

曰：“赐也可使从政也与？”曰：“赐也达，于从政乎何有[①]？”

曰：“求也可使从政也与？”曰：“求也艺，于从政乎何有[①]？”

【注释】

①何有：不难之词，意为“有何难呢”“有什么困难呢”。

【译文】

季康子问孔子，仲由可以让他从政吗。孔子说：“仲由果敢决断，让他从政有什么困难呢?”

又问:“端木赐可以让他从政吗?”孔子说:“端木赐通情达理,让他从政有什么困难呢?”

又问:“冉求可以让他从政吗?”孔子说:“冉求多才多艺,让他从政有什么困难呢?”

6.9 季氏使闵子骞为费宰[①]。闵子骞曰:“善为我辞焉!如有复我者,则吾必在汶上矣[②]。”

【注释】

①闵子骞为费宰:闵子骞,孔子学生闵损,字子骞,比孔子小十五岁(前536—?);费,音 bì,故城在今山东费县。

②汶上:汶水两岸的地带。汶,音 wèn,水名,就是山东的大汶河。周秦典籍中多见“某水+上”,如“淮上”“河上”“汉上”等,均指该水两岸。桂馥《札朴·汶上》说:“水以阳为北,凡言某水上者,皆谓水北。”不确;且桂说并未举证,而好些《论语》注本盲从桂说,未免失察。详见北大出版社《论语新注新译》这一章的“考证”。

【译文】

季氏叫闵子骞做他封地费的长官。闵子骞对来人说:“好好地为我辞掉吧!如果再有人来找我,那我一定会在汶水边上了。”

6.10 伯牛有疾[①],子问之,自牖执其手,曰:“亡之[②],命矣夫!斯人也而有斯疾也!斯人也而有斯疾也!”

【注释】

①伯牛:孔子学生冉耕,字伯牛。

②之:指示代词,表泛称。

【译文】

伯牛生了病,孔子去慰问他,从窗子里握着他的手,说:“这人完了,这就是命吧!这样的人哪,竟有这样的病啊!这样的人哪,竟有这样的病啊!”

6.11 子曰:“贤哉,回也!一箪食[①],一瓢饮,在陋巷[②],人不堪其忧,回也不改其乐。贤哉,回也!”

【注释】

①箪:音 dān,古代盛饭的竹器。

②陋巷:偏远的街巷。王引之《经义述闻》说此章的“巷”为“所居之宅”,不确。详见北大出版社《论语新注新译》这一章的“考证”。

【译文】

孔子说:“颜回多么有修养啊!一竹筐饭,一瓜瓢水,住在偏僻的巷子里,别人都不堪忍受那忧愁,颜回却不改他的快乐。颜回多么有修养啊!”

6.12 冉求曰:“非不说子之道,力不足也。”子曰:“力不足者[①],中道而废。今女画[②]。”

【注释】

①力不足者:力量不足的人。根据汉儒的理解,这一“者”字不大可能是表停顿并兼表假设语气的。详见北大出版社《论语新注新译》这一章的“考证”。

②画:谋划。

【译文】

冉求说:“不是不喜欢您的学说,是力量不够。”孔子道:“力量不够的人,会半途而废;现在你却还没走就打起了小算盘。”

6.13 子谓子夏曰:“女为君子儒!无为小人儒!”

【译文】

孔子对子夏说:“你要做个君子式的儒者,不要做那小人式的儒者!”

6.14 子游为武城宰[①]。子曰："女得人焉耳乎?"曰："有澹台灭明者[②],行不由径,非公事,未尝至于偃之室也。"

【注释】

①武城:鲁国城邑,在今山东费县西南。

②澹台灭明:字子羽,孔子弟子,从子游答话语气来看,此时他还没向孔子受业;因为"有……者"的提法,是表示这人是听者以前所不知道的。

【译文】

子游做武城的长官,孔子说:"你在这儿得到什么人才没有?"他说:"有个叫澹台灭明的,走路不插小道,不是公事,从不到我房里来。"

6.15 子曰:"孟之反不伐[①],奔而殿[②],将入门,策其马,曰:'非敢后也,马不进也。'"

【注释】

①孟之反:鲁国大夫,《左传》哀公十一年作"孟之侧"。

②殿:殿后;译文参照《左传》所叙,有所增加。

【译文】

孔子说:"孟之反不夸耀自己,〔在抵御齐国的战役中,右翼的军队溃退了,〕他走在最后,掩护全军,将进城门,便鞭打马匹,一面说道:'不是我敢于殿后,是马匹不肯快走的缘故。'"

6.16 子曰:"不有祝鮀之佞[①],而有宋朝之美[②],难乎免于今之世矣。"

【注释】

①祝鮀:卫国大夫,字子鱼,以善于辞令著称。

②宋朝:宋国的公子朝。《左传》记载了他因美貌而惹起乱子的事。

【译文】

孔子说:“没有祝鮀的口才,只有宋朝的美貌,如今这世道恐怕难逃祸害了。”

6.17 子曰:“谁能出不由户,何莫由斯道也?”

【译文】

孔子说:“谁能够外出不经门户,为什么没人从我这条道上走呢?”

6.18 子曰:“质胜文则野,文胜质则史。文质彬彬[①],然后君子。”

【注释】

①文质彬彬:既文雅又朴实。

【译文】

孔子说:“朴实多于文采,就未免粗野;文采多于朴实,又未免虚浮。既有文采,又不乏朴实,这才是个君子。”

6.19 子曰:“人之生也直,罔之生也幸而免。”

【译文】

孔子说:“人活在世上,靠的是正直;不正直的人也得以活下来,那是他侥幸免于祸害。”

6.20 子曰:“知之者不如好之者,好之者不如乐之者[①]。”

【注释】

①好之者不如乐(lè)之者:乐之,意动用法,以之为乐。这一“乐”如从“叶音”读作yào,意为“喜好”,那么“好之者不如乐之者”就该译为“爱好它的人不如

爱好它的人”，等于是句废话。参见6.23注①。

【译文】

孔子说：“〔对于任何学问和事业，〕懂得它的人不如喜爱它的人，喜爱它的人又不如迷恋它的人。”

6.21 子曰：“中人以上，可以语上也；中人以下，不可以语上也。”

【译文】

孔子说：“智力中等以上的人，可以告诉他高深学问；智力中等以下的人，不可以告诉他高深的学问。”

6.22 樊迟问知。子曰：“务民之义①，敬鬼神而远之②，可谓知矣。”问仁，曰：“仁者先难而后获，可谓仁矣。”

【注释】

①务民之义：何晏《论语集解》引王肃说：“务民之义，务所以化道民之义也。”皇侃《论语义疏》说同。有的注本译为“把心力专一地放在使人民走向‘义’上”，这等于把此句的“之”视为动词。我们赞同王肃、皇侃之说。因为“之”作为动词表示“到……”时，在先秦典籍中，只以处所、人物、时间为宾语，从未见以抽象名词作宾语者。据我们的考察，“民之”后接一抽象意义的名词或名词词组的例证不胜枚举，而这些例证中的“之”都应译为“的”。详见北大出版社《论语新注新译》这一章的“考证”。

②远：音yuàn，动词，疏远。

【译文】

樊迟问怎么样才算聪明。孔子说：“管理民众的要义，是既要敬畏鬼神，但又不太接近他，这可以说是明智了。”又问怎样才算有仁德。孔子说：“仁人在付出努力后才收获，这就是所谓仁德。”

6.23 子曰："知者乐水，仁者乐山[①]；知者动，仁者静；知者乐，仁者寿。"

【注释】

①乐：音 lè，形容词意动用法，"以……为乐"的意思。旧从《经典释文》记载之"叶音"读作"五教切"（ào）、"义效切"（yào），释为"喜好""喜爱"，实误。"好之者不如乐之者"之"乐"亦如此（6.20）。王力先生《古代汉语》说："清代古音学兴起以后，'叶音说'早已受到彻底批判，但是直到现在仍有人错误地沿用'叶音说'。"（《古代汉语》第二册第六单元的《通论》部分《诗经的用韵》末尾）我们对此尤当注意。"清代古音学兴起以后，'叶音说'早已受到彻底批判"的一个有力例证，就是清代《论语》的最好注本刘宝楠《论语正义》此章未注"五教切"或"义效切"〔杨伯峻先生《论语译注》也未注，仅在附录的《论语词典》中说："旧或读五教切，ào，及物动词，嗜好（九次）：好之者不如乐之者（6.20）。"〕详见北大出版社《论语新注新译》这一章的"考证"。

【译文】

孔子说："聪明人以水为乐，仁人以山为乐；聪明人活动，仁人沉静；聪明人快乐，仁人长寿。"

6.24 子曰："齐一变，至于鲁；鲁一变，至于道。"

【译文】

孔子说："齐国〔的政教〕一变化，就达到鲁国的程度；鲁国〔的政教〕一变化，就进而合于大道了。"

6.25 子曰："觚不觚[①]，觚哉！觚哉！"

【注释】

①觚：音 gū，古代盛酒的器皿。这是孔子对当时事物名实不符发出的感慨。

【译文】

孔子说："觚不像个觚，觚哇！觚哇！"

6.26 宰我问曰："仁者，虽告之曰，'井有仁焉[①]'，其从之也？"子曰："何为其然也？君子可逝也[②]，不可陷也[③]；可欺也，不可罔也。"

【注释】

①仁：仁人。这和《学而》"泛爱众而亲仁"以及《微子》"殷有三仁焉"的"仁"用法相同。徐仁甫《广古书疑义举例》(中华书局1990年)有"以性状代人物例"，也可参考。

②逝：一去不回。

③陷：陷害，使陷入坑中。表示抽象意义时，和下句的"罔"一样，往往带有贬义，故以"沉沦"译之。

【译文】

宰我问道："有仁德的人，即使告诉他，'井里有位仁人呢'。他会跟着跳下去吗？"孔子说："为什么要那样呢？君子，可以让他走开，却不能使他沉沦；可以欺骗他，却不能使他迷失方向。"

6.27 子曰："君子博学于文，约之以礼，亦可以弗畔矣夫[①]！"

【注释】

①畔，同叛。

【译文】

孔子说："君子广泛地学习文献，再用礼节约束自己，也可以不离经叛道了吧！"

6.28 子见南子[①]，子路不说。夫子矢之曰："予所否者[②]，天厌之！天厌之！"

【注释】

①南子：卫灵公夫人，把持卫国朝政，且作风不正派。

②予所否者：这句的“所”，一般语法书或虚词词典都从王引之《经传释词》之说，说是表假设的连词，可译为“如果”“假若”，我们不能同意。它仍然是特殊指示代词，与“己所不欲，勿施于人”的“所”相同，表示“……的东西”“……的事情”“……的人”“……的地方”“……的原因”等等。“予所否者”大意是“我的话如有不可信的地方”。详见北大出版社《论语新注新译》这一章的“考证”。

【译文】

孔子和南子相见，子路不高兴。孔子发誓道：“我的话如有不可信的地方，老天厌弃我！老天厌弃我！”

6.29 子曰：“中庸之为德也[①]，其至矣乎？民鲜久矣。”

【注释】

①中庸：孔子的最高道德标准。中，折中，无过，也无不及；庸，平常。孔子以这两个字来表示他的道德标准，其实就是折中的和平常的东西。

【译文】

孔子说：“中庸作为一种道德，该是最高的了，大家已经缺乏它很久了。”

6.30 子贡曰：“如有博施于民而能济众，何如？可谓仁乎？”子曰：“何事于仁！必也圣乎！尧舜其犹病诸！夫仁者[①]，己欲立而立人，己欲达而达人。能近取譬，可谓仁之方也已。”

【注释】

①夫（fú）：弱指示代词，可译作“那”“那个”，也可不译。

【译文】

子贡说：“假使有这么一个人，他广泛地给人民以好处，又能帮助大家过上好生活，怎么样？可以算是仁了吧？”孔子说：“哪里仅仅是仁！那一定是圣了！尧舜还为此大伤脑筋呢！那个‘仁’是什么？自己要站得住，也要使别人站得住；自己要行得通，也要使别人行得通。

能够从眼前的事实中选择例子踏踏实实地去做，这就是实践仁德的方法了。”

【评鉴】

二三子

本篇前半部分为孔子评价学生，《先进》主要记述孔子与弟子往来，试合论之。

孔子对弟子时有褒贬，不可一概而论，需要具体甄别。孔门弟子多贤才，但各人性格资质不同，孔子因材施教，不拘一格。子路为人好勇，鲁莽而自信，故而孔子时常贬斥。但当其他学生看不起子路时，孔子又发话解围，说子路已“升堂”，只是尚未“入室”(11.15)。冉有平素谦和退让，所以孔子以鼓励为主(11.22)。但不论是鲁莽自信还是谦和退让，其实都是“过犹不及”(11.16)，未臻善境。欲评判孔门弟子，“孔门十贤”(11.3)的序列应是最可信的，因为这是孔子身后晚年弟子与再传弟子做出的盖棺定论。在德行、言语、政事、文学的排列中，德行居首要位置，其他三者应是并列。因为在其他文献的记载中，德行居首从无问题，而其他三者则有不同的排序。从“求诸己”“为己之学”的角度看，德行是主干，而言语、政事、文学是分支。这正与孔子褒贬门人弟子的侧重相印证。细心的读者会发现，孔子肯定学生多是在才干与事务方面，如“从政何有”一类，而指出学生缺点多是在德行方面。颜回是孔子最喜爱的学生，但他除了安贫乐道之外似乎并无多少名世之处(当然也与他早逝未及建功立业有关)，就连孔子也感慨，颜回的品德高尚，却十分贫穷；子贡品德才学都不如颜回，却因为投机倒把成了富商(11.19)。其实人的德福本来就难于一致，孔子也并不执着，“从吾所好”(7.12)就是对这一问题最好的解决，从这一角度看，颜回是富有的。

孔子与弟子的对话有个有趣的地方，孔子面对弟子的反驳，往往针锋相对，如子路数次责难孔子，孔子都表现得十分激烈。批评孔子的学者往往就此说孔子是学术霸权。但孔子是能尊重弟子观点的，尽管并不赞同。比如宰我想缩减“三年之丧”，孔子虽然事后怒斥他为“不仁”，但当时仍说，你若能心安就这么办吧(17.21)。某种程度上孔子是乐于弟子与自己交锋的，即所谓“当仁，不让于师”(15.36)。在论学的方式上，应当“勿欺也，而犯之”(14.22)，事君可以冒犯，更何况是和老师在学术上持不同观点呢。颜回善于从孔子处汲取智慧，他从不反驳孔子(2.9)，孔子反倒说“回也非助我者也”(11.4)。教一个从不质疑，没有不同意见的学生，是没办法教学相长的。一个相反的例子是，当孔子说小地方办学是“割鸡焉用牛刀”时，子游正色反驳道：“昔者偃也闻诸夫子曰：‘君子学道则爱人，小人学道则易使也。’”孔子听罢便说：“二三子，偃之言是也！前言戏之耳。”(17.4)这就是孔门的问学风气。

道

“道”的本义是路，在春秋时已成为抽象的哲学概念。“道”有天之道，有人之道。天道一方面是天的造化，有规律性的一面；一方面是天指示给人的道路，有价值(道德)性的一面。古人总是希求向天取法，所以不论是规律的学习还是德性的养成，天道对社会人生都有指导作用。《论语》中“天道”仅一见，说孔子的“天道”“不可得而闻也”(5.13)，故不知偏向哪一方面。《论语》中的“道”属于人之道。人之道是给人走的，因而有实践性；“道”又有一定的方向，因而有理想性。“道”是实践与理想的结合，有志于实践理想就是“志于道”，“志于道”又与“据于德、依于仁、游于艺”合论，可见“道”的开辟离不开德行与才能。在孔子的思想当中，“道”可以归纳为通过修养德行才干，进而实现复兴礼乐文明、施行仁政的理想；具体可以表现为立己之道、立人之道、治国之道等。

理想本身是高于现实的，要从现实中超拔出来并不容易。以生活中的道路为例，现实生活就好比在道路一端的贫民区，一个见过世面的人告诉大家,道路的另一头肯定有一个更加宜居的居住区。那个地方也许确实十分理想,但未必每个人都愿意离开家乡长途跋涉(4.11)。“道”是亲切可行的(7.30),上路并不难,迈出一步就算是合于“道”,人人都可以办得到(4.6)。但“道”对有志于此的人又提出了很高的要求,路漫漫其修远,走得累了难免怀念安逸,于是打起退堂鼓,只有那些志向高远、品格坚毅的人才能坚持走下去(6.7、8.7)。道途坎坷,其间必然遇到诸多困难,不全由行路人做主,有时候只能听天由命(14.36),遇到困难要懂得驻足、退避甚至迂回(14.37)。终点可能遥不可及,行路人或许终其一生都到不了(14.38),但只要继续走下去,子孙后代终归能够抵达(9.5)。

孔子的“道”不同于道家的“道”那样抽象玄远,只可玄想难以实践,它是植根于现实的理想,具体可行,必须时时致意,念兹在兹。孔子的“道”论质朴无华,后世学者常觉得细碎难以把握,便以一个大的系统将它囊括进去,以为这就可以一以贯之,顺畅操习了。这恰恰偏离了孔子思想的真精神,使得“道”成为抽象观想的对象——在思考上亲切了,在实践上却疏离了。

述而篇第七

7.1 子曰："述而不作，信而好古，窃比于我老彭[①]。"

【注释】

①窃比于我老彭：老彭，何晏《论语集解》引包咸说："老彭，殷贤大夫，好述古事。"大约就是《大戴礼记·虞戴德》中孔子所说的"商老彭"。按，此句当为"窃比我于老彭"，定州汉墓竹简本《论语》即作"窃比我于老彭"。先秦文献中，"我"一般不直接修饰人名；相反，"比我于老彭"这种结构则是很常见的。如"尔何曾比予于管仲？"（《孟子·公孙丑上》）详见北大出版社《论语新注新译》这一章的"考证"（二）。

【译文】

孔子说："传述而不创制礼乐，相信进而喜好古代文化，且私下将我自己比作老彭。"

7.2 子曰："默而识之[①]，学而不厌，诲人不倦，何有于我哉[②]？"

【注释】

①识：音 zhì，记住。

②何有于我哉："何有于……"，是《论语》时代的习语，表示"……又算个什么""……又算得了什么"。详见北大出版社《论语新注新译》这一章的"考证"，又见《武汉大学学报（人文科学版）》2011 年第 1 期杨逢彬的论文《〈论语〉"何有於我"解——兼论所谓"不难之词"》。

【译文】

孔子说："默默记住知识，学习永不厌弃，教人不知疲倦，〔如能做到这些，〕那我孔丘又算得了什么？"

7.3 子曰:“德之不修,学之不讲,闻义不能徙,不善不能改,是吾忧也。”

【译文】

孔子说:“品德不培养;学问不讲习;听闻义之所在,却不能亲身赴之;有错误不能改正,这些都是我所忧虑的呀!”

7.4 子之燕居,申申如也[①],夭夭如也[②]。

【注释】

①申申:整肃的样子。

②夭夭:舒缓的样子。

【译文】

孔子在家闲居,整齐而静穆,和乐而舒展。

7.5 子曰:“甚矣吾衰也!久矣吾不复梦见周公[①]!”

【注释】

①周公:姓姬名旦,周文王的儿子,周武王的弟弟,鲁国始祖,孔子最敬服的古代圣人之一。孔子以前常梦见周公,如今不常梦见,便感觉自己衰老了。

【译文】

孔子说:“我衰老得多么厉害呀!我好久好久没有梦见周公了!”

7.6 子曰:“志于道,据于德,依于仁,游于艺。”

【译文】

孔子说:“志向在‘道’,根据在‘德’,依靠在‘仁’,而游憩于礼、乐、射、御、书、数六艺之中。”

7.7 子曰:“自行束脩以上[①],吾未尝无诲焉。”

【注释】

①束脩:脩,干肉;束,十条;十条干肉是菲薄的礼品。那时候初次拜见要有贽礼,孔子是非常讲究礼仪的,因此要收贽礼。

【译文】

孔子说:"只要主动送一束干肉给我,我从没有不教诲的。"

7.8 子曰:"不愤不启,不悱不发[①]。举一隅不以三隅反[②],则不复也[③]。"

【注释】

①愤:心求通而未得。悱:音 fěi,口欲言而未能。"不愤不启,不悱不发"的意思是,受教者必先发生困难,有求知的动机,然后去启发他,长进才快些。

②举一隅不以三隅反:不能举一反三;告诉某人一个墙角如何,却不能联想到另外三个墙角也类似。反:同"返";这里是"反应"的意思。

③复:回来;这里指回头再教。复,繁体字写作"復"(与"复杂"的"复"写作"複"不同)。

【译文】

孔子说:"教导学生,不到他有强烈求知欲的时候,不到他想说而说不清楚的时候,不去启发他。教给他一个方向,却不能由此推知其他三方,便停下不再教他了。"

7.9 子食于有丧者之侧,未尝饱也。

【译文】

孔子在办丧事的人旁边吃饭,从没吃饱过。

7.10 子于是日哭,则不歌。

【译文】

孔子在这一天哭过,就不再唱歌。

7.11 子谓颜渊曰:“用之则行,舍之则藏,惟我与尔有是夫!”

子路曰:“子行三军,则谁与[①]?”

子曰:“暴虎冯河[②],死而无悔者,吾不与也。必也临事而惧,好谋而成者也。”

【注释】

①与:偕同。子路好勇,见孔子夸奖颜渊,便发此问。

②冯河:徒足涉河;冯,音 píng。

【译文】

孔子对颜渊说:“用我,就行动起来;不用,就隐藏起来。大概只有我和你才能这样吧!”

子路说:“您若统帅一国军队,找谁共事?”

孔子说:“徒步打虎,涉水过河,死了都不后悔的人,我才不和他共事呢!〔我要和他共事的,〕一定是面临大事便恐惧谨慎,善于谋略而能成功的人呢!”

7.12 子曰:“富而可求也,虽执鞭之士[①],吾亦为之。如不可求,从吾所好。”

【注释】

①执鞭之士:指手执皮鞭维持秩序的市场守门人。

【译文】

孔子说:“财富如果可以求得的话,就是做市场维持秩序的守门人我也肯干。如果求它不到,还是干我自己喜欢的吧。”

7.13 子之所慎:齐[①]、战、疾。

【注释】

①齐:同“斋”。古代在祭祀之前,必先斋戒。

【译文】

孔子所小心谨慎的事：斋戒、战争、疾病。

7.14 子在齐闻《韶》，三月不知肉味，曰："不图为乐之至于斯也。"

【译文】

孔子在齐国听到了《韶》的乐章，好几个月尝不出肉味，说："想不到欣赏音乐达到了这种境界。"

7.15 冉有曰："夫子为卫君乎[①]？"子贡曰："诺，吾将问之。"

入，曰："伯夷、叔齐何人也？"曰："古之贤人也。"曰："怨乎？"曰："求仁而得仁，又何怨？"

出，曰："夫子不为也。"

【注释】

①夫子为卫君：为，音 wèi，意义宽泛的动词，做，搞；这里可译为"帮助""赞成"。卫君，指卫出公辄，辄是卫灵公之孙，太子蒯聩之子。蒯聩得罪灵公夫人南子，逃到晋国。灵公死，立辄为君。晋国又把蒯聩送回，借机侵卫。卫抵抗晋，也拒绝了蒯聩回国。蒯聩与辄父子相残，与互相推让君位的伯夷、叔齐比较，有天壤之别。

【译文】

冉有说："老师赞成卫君吗？"子贡说："好的，我去问问他。"

子贡到孔子房里，说："伯夷、叔齐是什么样的人？"孔子说："古代的贤人。"子贡说："〔他俩因不肯做孤竹国国君而互相推让，双双跑到国外，〕是不是又后悔抱怨呢？"孔子说："他们追求仁德，又得到了仁德，怨悔什么呢？"

子贡出来，说："老师不赞成卫君。"

7.16 子曰："饭疏食，饮水①，曲肱而枕之②，乐亦在其中矣。不义而富且贵，于我如浮云。"

【注释】

①水：古代冷水为水，热水为汤。

②曲肱而枕之：肱，音 gōng，胳膊；枕，音 zhèn，动词。

【译文】

孔子说："吃粗粮，喝冷水，弯着胳膊做枕头，乐趣也在其中。干不正当的事而得来的富贵，我看来就如同浮云。"

7.17 子曰："加我数年，五十以学《易》①，可以无大过矣。"

【注释】

①《易》：又叫《周易》《易经》，五经之一，是一部古代用以占筮的书，其中的《卦辞》和《爻辞》是孔子以前的作品。

【译文】

孔子说："让我多活几年，到五十岁的时候去学习《易经》，就可以不犯大错了。"

7.18 子所雅言①，《诗》《书》、执礼，皆雅言也。

【注释】

①雅言：春秋时代各国语言不统一，当时较为通行的语言便是"雅言"。

【译文】

孔子有说雅言的时候，读《诗》，读《书》，行礼，都说雅言。

7.19 叶公问孔子于子路①，子路不对。子曰："女奚不曰，其为人也，发愤忘食，乐以忘忧，不知老之将至云尔②。"

【注释】

①叶公：叶公是叶地的行政长官，楚君称王，那长官便称公。此人叫沈诸梁，

是一位贤者;叶,音 shè,楚地名,在今河南叶县南三十里。

②云尔:云,如此,这样;尔,同“耳”,而已,罢了。

【译文】

叶公问子路孔子为人如何,子路不回答。孔子对子路说:“你为什么不这样说,他的为人,发愤用功而忘记吃饭,乐在其中而忘记忧愁,浑然不知衰老就要到来,不过如此而已。”

7.20 子曰:“我非生而知之者,好古,敏以求之者也。”

【译文】

孔子说:“我不是天生的智者,而是爱好古代文化,勤奋敏捷去求取知识的人。”

7.21 子不语怪、力、乱、神。

【译文】

孔子不谈怪异、勇力、叛乱和鬼神。

7.22 子曰:“三人行,必有我师焉;择其善者而从之,其不善者而改之。”

【译文】

孔子说:“几个人一起走路,其中一定有可以为我师法的人;我选择那些优点去学习,看出那些〔自己也有的〕缺点,然后改正。”

7.23 子曰:“天生德于予,桓魋其如予何[①]?”

【注释】

①桓魋(tuí):宋国的司马向魋,他是宋桓公的后代,所以又叫桓魋。《史记·孔子世家》:“孔子……与弟子习礼大树下。宋司马桓魋欲杀孔子,拔其

树。……孔子曰：‘天生德于予，桓魋其如予何？’”

【译文】

孔子说：“天在我身上生就了优秀的品德，他桓魋能把我怎么样？”

7.24 子曰：“二三子以我为隐乎？吾无隐乎尔！吾无行而不与二三子者，是丘也。”

【译文】

孔子说：“弟子们以为我有所隐瞒吗？我对你们没有隐瞒什么。我的所作所为没有一点不是与你们共同去做的，这就是我孔丘的为人。”

7.25 子以四教：文、行、忠、信。

【译文】

孔子用四种内容教育学生：文献、实践、忠诚、信实。

7.26 子曰：“圣人，吾不得而见之矣；得见君子者，斯可矣。”

子曰：“善人[①]，吾不得而见之矣；得见有恒者，斯可矣。亡而为有，虚而为盈，约而为泰[②]，难乎有恒矣。”

【注释】

①善人：除此章外，《论语》中“善人”还出现数次：“子张问善人之道。”（11.20）“善人为邦百年，亦可以胜残去杀矣。”（13.11）“善人教民七年，亦可以即戎矣。”（13.29）“周有大赉，善人是富。”（20.1）综合起来看，“善人”不是仅仅指善良的人，而是指较之圣人稍次的完善的人。

②泰：用度豪华而不吝惜。

【译文】

孔子说："圣人，我不能见到了；能见到君子，就可以了。"

孔子又说："完美的人，我不能见到了，能见到操守坚定的人，就可以了。本来没有，却装作有；本来空虚，却装作充足；本来穷困，却要豪华，这样的人便难于坚持一定操守了。"

7.27 子钓而不纲[①]，弋，不射宿[②]。

【注释】

①纲：网上的大绳叫纲，用它来横断水流，再用生丝系钓于纲上来取鱼，也叫作"纲"。这里的"纲"是后者。

②弋，不射宿：弋，音 yì，用带生丝的箭来射；宿，已歇宿了的鸟。

【译文】

孔子钓鱼时，不用"纲"的办法来取鱼；用带生丝的箭射鸟时，从不射归巢的鸟。

7.28 子曰："盖有不知而作之者，我无是也。多闻，择其善者而从之；多见而识之；知之次也[①]。"

【注释】

①次：孔子说："生而知之者，上也；学而知之者，次也。"(16.9)

【译文】

孔子说："大概有无知却喜欢造作的人，我没有他这种毛病。多多地听，从中择取好的加以接受；多多地看，默默记在心里。我的知，是次于'生而知之'的'知'啊。"

7.29 互乡难与言，童子见，门人惑。子曰："与其进也[①]，不与其退也，唯何甚？人洁己以进，与其洁也，不保其往也[②]。"

【注释】

①与：音 yù，赞同。

②保：守，不变。

【译文】

互乡这地方的人难于交谈，那里的一个少年得到孔子的接见，弟子们疑惑。孔子说："我们赞成他的进步，不赞成他的退步，何必做得太过？别人把自己收拾得干干净净而来，便应该赞成他的干净，不要死记住他的过去。"

7.30 子曰："仁远乎哉？我欲仁，斯仁至矣。"

【译文】

孔子说："仁德难道很远吗？我要仁，这仁就来了。"

7.31 陈司败问昭公知礼乎[①]。孔子曰："知礼。"

孔子退，揖巫马期而进之[②]，曰："吾闻君子不党，君子亦党乎？君取于吴[③]，为同姓[④]，谓之吴孟子[⑤]。君而知礼，孰不知礼？"

巫马期以告。子曰："丘也幸，苟有过，人必知之。"

【注释】

①陈司败：陈国相当于"司寇"的官。司败，陈、楚、唐诸国官名，相当于他国的司寇。陈司败，词组结构同《左传》襄公二十年"与蔡司马同谋"的"蔡司马"。详见北大出版社《论语新注新译》这一章的"考证"。

②巫马期：孔子学生，姓巫马，名施，字子期，比孔子小三十岁。

③君取于吴：取，后来写作"娶"；吴，国名，哀公时，为越王勾践所灭。

④为同姓：鲁、吴皆姬姓。

⑤吴孟子，春秋时，国君夫人称号一般是所生长之国名加她的本姓。鲁娶于吴，这位夫人便应称"吴姬"。但"同姓不婚"是周朝的礼法，为了掩饰，便改称

"吴孟子"。"孟子"可能是这位夫人的字。

【译文】

陈国的司败询问孔子,鲁昭公是否懂得礼。孔子说:"懂礼。"

孔子出去以后,陈司败便向巫马期作了个揖,请他走近自己,然后说道:"我听说君子不偏袒谁,难道君子也偏袒吗?鲁君从吴国娶了位夫人,吴和鲁是同姓国家,〔不便称她为吴姬,〕于是叫她为吴孟子。鲁君那样都算懂礼,那谁不懂礼?"

巫马期把这话转告给孔子。孔子说:"我孔丘哇真幸运,如果有错处,人家一定指出来。"

7.32 子与人歌而善,必使反之,而后和之。

【译文】

孔子同别人一道唱歌,如果唱得好,一定请他重唱一遍,然后自己跟着他唱。

7.33 子曰:"文莫①,吾犹人也。躬行君子,则吾未之有得。"

【注释】

①文莫:这两个字很不好解释,但两个字连读大约没有问题。"文莫,吾犹人也",结构类似"听讼,吾犹人也"(12.14),译文姑且用杨伯峻先生的而稍改动之。详见北大出版社《论语新注新译》这一章的"考证"。

【译文】

孔子说:"书本上的学问,我同别人差不多。做一个践行的君子,那我还没有成功。"

7.34 子曰:"若圣与仁,则吾岂敢?抑为之不厌,诲人不倦,则可谓云尔已矣。"公西华曰:"正唯弟子不能学也。"

【译文】

孔子说："讲到圣和仁，我怎么敢当？不过是学习和工作总不厌倦，教导别人总不疲劳，可说是不过如此而已。"公西华说："这一点正是我们学不到的。"

7.35 子疾病[①]，子路请祷。子曰："有诸？"子路对曰："有之；《诔》曰：'祷尔于上下神祇。'[②]"子曰："丘之祷久矣。"

【注释】

①疾病：病重。"病"是"疾"的补语。

②《诔》曰：祷尔于上下神祇：诔，音 lěi，《说文解字》作"讄"，祈祷文，异于哀悼死者的"诔"。祇，音 qí，地神。

【译文】

孔子病重，子路请求祈祷。孔子说："有这回事吗？"子路说："有的；《诔文》说：'为你向天神地祇祈祷。'"孔子说："我早就祈祷过了。"

7.36 子曰："奢则不孙[①]，俭则固[②]。与其不孙也，宁固。"

【注释】

①孙：同"逊"。

②固：固陋，寒碜。

【译文】

孔子说："奢侈豪华就显得骄傲，省俭朴素就显得寒酸。与其骄傲，不如寒酸。"

7.37 子曰："君子坦荡荡，小人长戚戚。"

【译文】

孔子说："君子胸怀宽广平坦，小人总是忧虑不安。"

7.38 子温而厉，威而不猛，恭而安。

【译文】

孔子温和而严厉，有威仪却不凶猛，恭敬而安详。

【评鉴】

孔子

本篇主要介绍孔子为人处世的一些细节，编撰思路非常有趣，每几条语录，便跟随着一条孔门弟子对孔子生活的记录，恰与语录相呼应，读者可以玩味。《论语》中涉及孔子本人的内容甚多，此处仅择要讨论。

通读《论语》，读者常有疑惑，孔子时而十分自信，时而又很谦逊，是否有一定的规律呢？其实在孔子的思想体系中，谦虚并非首要的德行。孔子主张"求为可知"，希望获得与道德、能力相匹配的名望。谦虚的目的在于不给人以口实，是处世智慧的要求，它并非是在任何条件下都要遵从的道德律条。孔子并无在"二三子"面前谦虚的必要。理解孔子的"谦虚"，读者需要区分参与者与旁观者在角色上的不同。圣人、善人、仁人作为道德评价，不管标准是否有弹性，本身都具备一定的评价标准。道德行为的参与者却是活生生的，未必与这些理想化的标准完全符合。参与者本人能够认识到自己在主客观方面的各种不足，而作为旁观者，不论是孔子考察历史人物，还是后人考察孔子，都只能根据文献记载的德行文章加以评判。因此，任何一个清醒的人都不会自封为圣贤，后世却自有结论。孔子感叹"知我者其天乎"(14.35)，知孔子者未必只有天，而是后世学者。

因此，孔子的"谦虚"当是自知有所不足。比如"闻一以知十"(5.9)，孔子自认为不如颜渊，这可能是事实，圣人未必就比以好学名世的颜子更聪明。"默而识之"(7.2)，孔子在与子贡对话时也说自己不是"识之者"，而是"一以贯之"(15.3)者，大概孔子并不是记忆力超群一类，所以才越发好学深思。至于"出则事公卿，入则事父兄，丧事不敢不勉”(9.16)云云,孔子早年为官虽然政绩斐然,但周游列国以来便再不出仕,没有为官的条件;孔子年幼丧父,且为庶出,甚至可能不是婚生子,不得“事父兄”也是实情。通观《论语》,孔子在几个方面是十分自信的,一是才学能力,比如“自卫反鲁……《雅》《颂》各得其所”(9.15)“如有用我者,吾其为东周乎?”(17.5)。二是好学精神,比如“下学而上达”(14.35)“述而不作,信而好古”(7.1)“发愤忘食,乐以忘忧,不知老之将至”(7.19)。三是对于天命在我的信仰,如“公伯寮其如命何”(14.36)“天生德于予,桓魋其如予何”(7.23)。四是仁智方面,比如“无可无不可”(18.8)“我欲仁,斯仁至矣”(7.30)。这些都是后人称许孔子最多的方面。孔子对自身的评价大抵是中肯的。

孔子仁智双馨,德才并茂,在人力所能及的领域已无人可出其右,故而后世以圣人、素王称之。纵然如此,孔子也有其所忧,所谓“君子忧道”(15.32)是也。“道之将行也与,命也;道之将废也与,命也。”(14.36)“道”行或不行有超出人力所及的地方。人的生命是有限的,纵然相信天不丧“斯文”(9.5),也只能让“后死者”“仁以为己任”(8.7)了,故而发出“吾已矣夫”(9.9)的浩叹。时代造就圣人,时代却未必能成就圣人,这是任何一个时代都不得不面对的矛盾。对于此,孔子只能“知其不可而为之”(14.38),将本分之事做到最好。在道德的滋养和智慧的豁达下做到“乐以忘忧”(7.19)“申申如也,夭夭如也”(7.4)。

泰伯篇第八

8.1 子曰:"泰伯[①],其可谓至德也已矣。三以天下让,民无得而称焉[②]。"

【注释】

①泰伯:即太伯。周朝祖先古公亶父有三子:太伯、仲雍、季历。季历的儿子就是姬昌(周文王)。古公预见到昌的贤明和魄力,想把君位传给季历,继而传昌。太伯为实现父亲的意愿,便偕同仲雍出走勾吴,成为吴的始祖。

②民无得而称:可理解为"民无得称",也即民众(因无从知道泰伯"三以天下让"之事而对他)无所称述;不能理解为"民众都不知道怎样称颂他才好"。详见北大出版社《论语新注新译》这一章的"考证"。

【译文】

孔子说:"泰伯,真可以说是品德高尚至极了。多次把天下让给季历,但老百姓〔却因不知道这事而〕没有称颂他。"

8.2 子曰:"恭而无礼则劳,慎而无礼则葸[①],勇而无礼则乱,直而无礼则绞[②]。君子笃于亲,则民兴于仁;故旧不遗,则民不偷[③]。"

【注释】

①葸:音 xǐ,胆怯。

②绞:尖刻刺人。

③偷:淡薄,不厚道。

【译文】

孔子说:"恭敬而不懂礼教,就未免劳倦;谨慎而不懂礼教,就显得懦弱;胆大而不懂礼教,就容易闯祸;直爽而不懂礼教,就尖酸刻薄。在上位的人对待亲族宽厚仁慈，老百姓就会走向仁德；在上位的人不遗弃他的老同事、老朋友，老百姓就不会对人冷漠无情。”

8.3 曾子有疾，召门弟子曰：“启予足[①]！启予手！《诗》云：‘战战兢兢，如临深渊，如履薄冰。’[②]而今而后，吾知免夫！小子！”

【注释】

①启（啓）：即《说文》的“䁈”字，视也。

②这三句诗见《诗经·小雅·小旻》。

【译文】

曾参病了，便把学生们召集拢来说：“看着我的脚！看着我的手！《诗经》上说：‘小心哪！谨慎哪！好像临近深水潭边，好像走在薄冰层上。’从今以后，我才晓得自己可以免于祸害刑戮了！同学们！”

8.4 曾子有疾，孟敬子问之[①]。曾子言曰：“鸟之将死，其鸣也哀；人之将死，其言也善。君子所贵乎道者三：动容貌，斯远暴慢矣[②]；正颜色，斯近信矣；出辞气，斯远鄙倍矣[③]。笾豆之事[④]，则有司存[⑤]。”

【注释】

①孟敬子：鲁国大夫仲孙捷。

②暴慢：暴，粗暴无礼；慢，怠慢、不敬。

③鄙倍：鄙，粗野，鄙陋；倍，同背、悖，不合理，错误。

④笾豆：笾（biān）、豆都是祭器，这里代表礼仪的具体细节。

⑤有司：主管某一具体事务的小吏。

【译文】

曾参病了，孟敬子探问他。曾子说：“鸟要死了，它的鸣声啊悲哀；人要死了，他说的话呀友善。在上位的人待人接物有三点是可贵的：让自己的表情严肃，就可以避免别人的粗暴和怠慢；使自己的脸色端庄，就容易令人信服；说话时，注意言辞和声调，就可以避免粗野和错误。至于礼仪的细节，自有主管人员。”

8.5 曾子曰：“以能问于不能，以多问于寡；有若无，实若虚，犯而不校[①]——昔者吾友尝从事于斯矣[②]。”

【注释】

①校：抵抗，报复。

②吾友：一般认为指颜回。

【译文】

曾子说：“有能力却向无能力的人请教，知识丰富却向知识缺乏的人请教；有知识却像没知识，满腹诗书却像一无所有；被人冒犯，却不报复——从前我的一位朋友就曾经这样做过了。”

8.6 曾子曰：“可以托六尺之孤[①]，可以寄百里之命，临大节而不可夺也——君子人与？君子人也。”

【注释】

①六尺之孤：一般指十五岁以下的人。古代尺短，六尺，约合今一百三十八厘米。

【译文】

曾子说：“可以托付他幼小的孤儿，可以交付他国家的命脉，面临国家安危的紧要关头，却不动摇屈服，这是君子人吗？真是君子人哪。”

8.7 曾子曰：“士不可以不弘毅[①]，任重而道远。仁以为己任，不亦重乎？死而后已，不亦远乎？”

【注释】

①士不可以不弘毅:唐写本《论语》郑玄注:"弘,大也;毅,强而能断也。士当宽大强断决,以其所任者重,而行之又久远。"

【译文】

曾子说:"士人不可以不宽宏大量而又果决能断,因为他负担沉重,路程遥远。以实现仁德为己任,不是很沉重吗?奋斗到死才算完,不是很遥远吗?"

8.8 子曰:"兴于《诗》,立于礼,成于乐。"

【译文】

孔子说:"《诗》提高我的修养,礼使我立足社会,音乐健全我的人格。"

8.9 子曰:"民可使由之,不可使知之①。"

【注释】

①民可使由之,不可使知之:清代宦懋庸说:"对于民,其可者使其自由之,而所不可者亦使知之。或曰,舆论所可者则使共由之,其不可者亦使共知之。"则此十字当读为"民可,使由之;不可,使知之"。但《论语》时代的"可",没有这种用法。同样,断作"民可使,由之;不可使,知之"也是不行的。《论语》时代语言中固然有"可使""不可使",但这"使"是"出使"的意思。与此相反,"民可使由之,不可使知之"的读法,在《论语》时代的语言中,却是带有普遍性的。详见北大出版社《论语新注新译》这一章的"考证"。

【译文】

孔子说:"老百姓,可以使他们在我们指引的道路上走,不可以使他们知道那是为什么。"

8.10 子曰:"好勇疾贫,乱也。人而不仁,疾之已甚,

乱也。"

【译文】

孔子说:"好勇斗狠却厌恶贫困,是祸乱的根源。对不仁之人,恨得太厉害,也是祸乱的根源。"

8.11 子曰:"如有周公之才之美,使骄且吝,其余不足观也已。"

【译文】

孔子说:"即使有周公那样的才能和美德,只要骄傲而且吝啬,别的方面也就不值得一看了。"

8.12 子曰:"三年学,不至于穀[①],不易得也。"

【注释】

①穀:古代以谷米为俸禄,所以"穀"有"禄"的意义。

【译文】

孔子说:"读书三年还没去做官,这是难能可贵的。"

8.13 子曰:"笃信好学,守死善道。危邦不入,乱邦不居。天下有道则见[①],无道则隐。邦有道,贫且贱焉,耻也;邦无道,富且贵焉,耻也。"

【注释】

①见:同"现"。

【译文】

孔子说:"坚信我们的道,并努力学习它,誓死保卫它。危险的国家不去,祸乱的国家不住。天下太平,就出来工作;不太平,就隐居。国家政治清明,自己贫贱,是耻辱;政治黑暗,自己富贵,也是耻辱。"

8.14 子曰:“不在其位,不谋其政。”

【译文】

孔子说:“不处在那个职位,就不操心它的政务。”

8.15 子曰:“师挚之始[①],《关雎》之乱[②],洋洋乎盈耳哉!”

【注释】

①始:乐曲的开端,一般由太师演奏。师挚,鲁国太师。

②乱:乐曲的结束,犹如今天的合唱。合唱时,奏《关雎》乐章,所以说“《关雎》之乱”。

【译文】

孔子说:“当太师挚开始升歌之时,当合乐演奏《关雎》之际,曼妙的乐声一直回旋于耳啊!”

8.16 子曰:“狂而不直,侗而不愿[①],悾悾而不信[②],吾不知之矣。”

【注释】

①侗而不愿:侗,音 dòng,无知;愿,谨慎老实。

②悾悾:音 kōngkōng,诚恳貌。

【译文】

孔子说:“狂妄而不直率,幼稚而不老实,貌似诚恳却不守信用,这种人我真是猜不透他。”

8.17 子曰:“学如不及,犹恐失之[①]。”

【注释】

①学如不及,犹恐失之:杨树达先生《古书疑义举例续补》(载《古书疑义举例五种》,中华书局 1956 年)有“省句例”,本章即是;如补足,应为“学如不及;及之,犹恐失之”。译文据此。详见北大出版社《论语新注新译》这一章的“考证”。

【译文】

孔子说:"做学问好像总也赶不上似的;赶上了,又总怕失去。"

8.18 子曰:"巍巍乎,舜、禹之有天下也,而不与焉[①]!"

【注释】

①与:音 yù,参与,这里含着"私有""享受"的意思。

【译文】

孔子说:"崇高哇!舜和禹贵为天子,富有四海,却一点也不为自己。"

8.19 子曰:"大哉尧之为君也!巍巍乎!唯天为大,唯尧则之。荡荡乎,民无能名焉。巍巍乎其有成功也,焕乎其有文章!"

【译文】

孔子说:"尧作为一个君主,真是伟大呀!崇高哇!只有天最高远无际,只有尧能够效法天。他的恩惠真是浩荡无涯呀!〔化育百姓,他们习焉不察,所以〕百姓并不知道他的名字。他的功绩实在太崇高了,他的礼仪制度也真够美好了!"

8.20 舜有臣五人而天下治。武王曰:"予有乱臣十人[①]。"孔子曰:"才难,不其然乎?唐虞之际,于斯为盛[②]。有妇人焉,九人而已。三分天下有其二,以服事殷。周之德,其可谓至德也已矣。"

【注释】

①乱臣:《说文》:"乱,治也。"贾昌朝、林义光、孙德宣等认为训"治"的"乱"和"扰乱"的"乱"原本字形不同,读音不同,根本是两个词,而非什么"反训"。

②斯:代词,指人才、能臣。详见北大出版社《论语新注新译》这一章的“考证”。

【译文】

舜有臣子五人而天下大治。武王说:“我有善于治理的能人十位。”孔子因此说:“人才难得,不是这样吗?唐尧和虞舜之间,人才最为兴盛。〔武王的十位能人中,〕有一位还是妇女,实际上只有九位罢了。周文王得了天下的三分之二,仍然服事殷商。周的道德,可以说是最高的道德了。”

8.21 子曰:“禹,吾无间然矣[①]。菲饮食而致孝乎鬼神[②],恶衣服而致美乎黻冕[③],卑宫室而尽力乎沟洫。禹,吾无间然矣。”

【注释】

①间:音 jiàn,空隙,引申为人与人的隔阂、嫌隙。

②菲:使菲薄。

③黻:音 fú,祭祀时穿的礼服;冕,音 miǎn,祭祀时戴的礼帽。

【译文】

孔子说:“禹,不消我说了!自己饮食菲薄,祭品却办得极丰盛;衣服粗劣,祭服却做得极华美;住房卑下,却一心一意兴修水利。禹,不消我说了!”

【评鉴】

圣人

本篇以“泰伯”命名,记录了孔子对先圣先贤的赞誉。上古圣贤,常常有德有位,为后世儒者所钦美。汉儒称孔子为素王,后世追封为“公”,为“王”,都是将孔子比于上古圣王,惋惜孔子有圣王之德才却未得其位。从今天的视角反思,有德者无位并非坏事。上古乃至三代,文教未兴,爵位官职世袭,知识被上层垄断。直到春秋时期,知识才逐渐下移,而后诸子百家方才兴起。成圣成贤,必须有一定的知识储备,而只有处高位者才有资格获得教育,这才使得德位兼备成为常态。春秋以降,知识下移,出身庶民可以有德有才,虽然未必有位,但处江湖之远可以兴一方文教,反倒是功在千秋。想孔子若得位,未必有周游列国的见识,也未必有弟子三千的盛景,恐怕是更大的遗憾。我们今天评价孔子,未必人人称颂他的政治理想,但无不肯定他作为伟大教育家的功绩,视他为传统文化的先师。从这个角度看,孔子是德、才、业兼备的。

孔子所向往的先贤,是尧、舜、禹、汤、文王、武王、周公。尧、舜、文王有德,禹、汤、武王有业,但孔子最倾慕的是周公,德、才、功兼善。周公不是君主,而是得君行道,这更符合孔子对自身的预期。孔子一生向往施展才华的空间。子贡问他买卖上的问题,美玉是收藏还是出手,孔子说“我待贾者”(9.13),表达愿才华有所施展的意思。他不顾弟子反对,面见掌握政权的卫君夫人南子(6.28),打算去投奔拥兵自重图谋“不轨”的季氏家臣公山弗扰(17.5),都是为了获得施行仁政的机会。见南子于礼不合,投奔公山弗扰有悖“乱邦不入”的处世原则。但孔子义精仁熟,已是“无可无不可”(18.8)之人,不拘泥于一定之法门,纯为道德理想计,无所羁绊,自可从容进退。这大概就是“从心所欲”(2.4)的境界。孟子评价孔子为“圣之时者”,也是称赞孔子能超出一定道德框架,不为之所累,向善而行(参考《微子》第十八章的评鉴)。这是圣人的境界。”

子罕篇第九

9.1 子罕言利与命与仁[①]。

【注释】

①罕言利与命与仁：罕言，很少说到。《论语》中“利”和“命”也出现好几次，但这与孔子不常说到它们是两码事，不能混为一谈。有人说，这一章当断为“子罕言利，与命与仁”，意为孔子很少说到利，但赞同命和仁。这说法没有什么道理，因为“命”“仁”这样的抽象名词从不作动词“与”的宾语。详见北大出版社《论语新注新译》这一章的“考证”。

【译文】

孔子很少〔主动〕谈到功利、命运和仁德。

9.2 达巷党人曰[①]：“大哉孔子！博学而无所成名[②]。”子闻之，谓门弟子曰：“吾何执？执御乎？执射乎？吾执御矣[③]。”

【注释】

①达巷党：何晏《论语集解》引郑玄说：“达巷者，党名也。五百家为党。”

②大哉孔子！博学而无所成名：a. 这句话是赞美孔子并惋惜他不能施展抱负的。《论语》中类似的如：“贤哉，回也！一箪食，一瓢饮，在陋巷，人不堪其忧，回也不改其乐。贤哉，回也！”（《雍也》）“大哉尧之为君也！巍巍乎！唯天为大，唯尧则之，荡荡乎，民无能名焉。巍巍乎其有成功也，焕乎其有文章！”（《泰伯》）“孝哉闵子骞！人不间于其父母昆弟之言。”（《先进》）“直哉史鱼！邦有道，如矢；邦无道，如矢。君子哉蘧伯玉！邦有道，则仕；邦无道，则可卷而怀之。”（《卫灵公》）简言之，这样的句组，如首句以感叹句来赞美，则一贯到底，不能中途转为指责。b. 当时语言中“无所 VO”（VO 指谓语动词及其宾语）结构中的“所”一般都指“处所”“地方”：“由也好勇过我，无所取材。”（《公冶长》）“刑罚不中，则民无所错手足。”（《子路》）“饱食终日，无所用心。”（《阳货》）所以，“无所成名”，不

能理解为“没有足以树立名声的专长”。那样理解，是将“所”理解为代词（也有人说是助词）了——这是“所”后来才改变了的意义。详见北大出版社《论语新注新译》这一章的“考证”。

③执御、执射：执御，赶大车；执射，射箭。赶大车、射箭当时算是比较卑贱的。孔子的回答是表示谦虚。他人赞美孔子伟大而博学，惋惜他无处施展抱负。孔子说我干的不过是射箭和赶大车的活。言下之意，我既不伟大也不算博学，无处施展抱负是自然的。

【译文】

达巷这地方的一个人说：“孔子真伟大！学问广博，可惜没地方施展抱负。”

孔子听了这话，对学生们说：“我干什么好呢？是赶大车呢，还是做弓箭手呢？我赶大车好了。”

9.3 子曰：“麻冕，礼也；今也纯[①]，俭[②]，吾从众。拜下[③]，礼也；今拜乎上，泰也。虽违众，吾从下。”

【注释】

①纯：黑色的丝。

②俭：节省。绩麻做礼帽比用丝织远为费工。

③拜下：臣子对君主的行礼——先在堂下磕头，然后升堂再磕头。

【译文】

孔子说：“用麻来织礼帽，是合于礼的；今天大家都用丝料，这样俭省点，我同意大家的做法。臣见君，先在堂下磕头，然后升堂又磕头，这也是合于礼的。今天，大家都只升堂后磕一次头，这是骄泰的表现。虽然违反大家的意愿，我仍然主张先在堂下磕头。”

9.4 子绝四——毋意，毋必，毋固，毋我。

【译文】

孔子要断绝四种毛病——〔就是要〕不臆测，不武断，不固执，不自以为是。

9.5 子畏于匡[①]，曰："文王既没，文不在兹乎？天之将丧斯文也，后死者不得与于斯文也[②]；天之未丧斯文也，匡人其如予何！"

【注释】

①子畏于匡：畏，通"围"，《淮南子·主术训》说孔子"围于匡，颜色不变，弦歌不辍"。《盐铁论·大论》也说他"见逐于齐，不用于卫，遇围于匡，困于陈蔡"。孔子离开卫国去陈国，经过匡。匡人曾遭受鲁国阳货的掠夺残杀，便误抓了长相很像阳货的孔子。

②后死者不得与于斯文：后死者，孔子自称；与，音 yù，参与。

【译文】

孔子被匡地的老百姓围困，便说："周文王去世以后，一切文化遗产不是都在我这里吗？天如果要灭绝这种文化，那我也不会掌握这种文化了呀！天如果不灭绝这种文化，那匡人能把我怎么样！"

9.6 太宰问于子贡曰[①]："夫子圣者与？何其多能也？"子贡曰："固天纵之将圣，又多能也。"

子闻之，曰："太宰知我乎？吾少也贱，故多能鄙事。君子多乎哉[②]？不多也。"

【注释】

①太宰：官名。郑玄及刘宝楠都说此章"太宰"是吴太宰嚭。

②君子多乎哉：此处"君子"指有位者，养尊处优，当然不会做多少"鄙事"。

【译文】

太宰问子贡说："孔老先生是位圣人吗？为什么那样多才多艺呢？"子贡说："那本是上天推动他成为圣人，又多才多艺的。"

孔子听到后说："太宰了解我呀！我年轻时地位低下，所以掌握了不少难以登大雅之堂的本领。君子们会有这样多本领吗？是不会的。”

9.7 牢曰[①]：“子云：‘吾不试[②]，故艺’。”

【注释】

①牢：可能是孔子的学生。

②试：用。

【译文】

牢说：“孔子说过：‘我不曾被国家所用，所以学得一些技艺’。”

9.8 子曰：“吾有知乎哉？无知也。有鄙夫问于我，空空如也[①]，我叩其两端而竭焉。”

【注释】

①空空：即《泰伯篇》的“悾悾”（8.16），诚恳貌；不是“什么都没有”的意思。因为，如果“空空”表示“什么都没有”，就是形容词“空”的叠用（例如“好好”）。但先秦时期，形容词的叠用一般不由“～～”式转化为“～～如”式。因此，我们只能将“空空”视为叠音形容词（例如“堂堂”）；而叠音形容词，可以有多种写法，如“空空”可作“悾悾”。详见北大出版社《论语新注新译》这一章的“考证”。

【译文】

孔子说：“我有知识吗？没有哇。有个种田的向我求教，很诚恳的样子；我从他那个问题的头和尾去盘问，然后尽量地告诉他。”

9.9 子曰：“凤鸟不至，河不出图[①]，吾已矣夫！”

【注释】

①凤鸟不至，河不出图：古代传说，凤凰出现，表示天下太平；又说，圣人受命，黄河就出现图画。

【译文】

孔子说："凤凰不来，黄河也不再出现图画，我这一辈子算是完了吧！"

9.10 子见齐衰者[①]、冕衣裳者与瞽者[②]，见之，虽少，必作；过之，必趋[③]。

【注释】

①齐衰：音 zīcuī，古代丧服的一种，用缝边的粗麻布做成。

②冕衣裳者：衣冠整齐的贵族。

③作、趋：作，起；趋，快步走。这都是敬意的表示。

【译文】

孔子看见穿丧服的人、穿戴礼帽礼服的人以及盲人，相见的时候，尽管他们年轻，孔子必定起身；走过的时候，一定快走几步。

9.11 颜渊喟然叹曰："仰之弥高，钻之弥坚。瞻之在前，忽焉在后。夫子循循然善诱人，博我以文，约我以礼，欲罢不能。既竭吾才，如有所立卓尔[①]，虽欲从之，末由也已。"

【注释】

①既竭吾才，如有所立卓尔：这两句有歧义。按照孔安国的说法，是孔子"有所立"，句中的"如"是连词，"如果""假如"的意思；"如有所立"就是"假如（夫子）有所建树"。但韩愈、李翱的《论语笔解》则说"此回自谓虽卓立，未能及夫子之高远也"，又成了颜回"有所立"，句中的"如"为副词，"好像""似乎"的意思；"如有所立"则是"似乎能够独立地工作"（杨伯峻先生译）。我们同意孔安国说。一是孔说远较《论语笔解》之说为早，二是《论语》中"如有"二字连言时，"如"一般都是连词，意为"如果""假如"。详见北大出版社《论语新注新译》这一章的"考证"。

【译文】

颜渊赞叹道："老师的道德文章，越仰视，越觉得巍峨高大；越钻研，越觉得坚不可摧。〔乍一看高深莫测——〕看着好像在前面，忽然又到后面去了。但老师循序渐进善于诱导学生，用文献来充实我，用礼节来约束我，让我〔乐在其中，〕想停都停不下来。我已经用尽我的才华，假如老师又卓然有所建树，即使想再跟上去，又不知从何处走了。”

9.12 子疾病①，子路使门人为臣②。病间③，曰：“久矣哉，由之行诈也！无臣而为有臣。吾谁欺？欺天乎！且予与其死于臣之手也，无宁死于二三子之手乎！且予纵不得大葬，予死于道路乎？”

【注释】

①疾病：“病”是“疾”的补语。

②为臣：和今天为有一定地位的人组织治丧委员会相似，不同者，臣在死前便开始工作。

③间：音 jiàn，疾病稍有好转。

【译文】

孔子病得厉害，子路便组织学生筹备治丧的组织。痊愈以后，孔子说：“这么长时间了，仲由干这种欺骗的勾当！我不该享有治丧委员会，你却要组织它。我蒙骗谁呢？蒙骗老天吗？我与其死在治丧委员会手里，还不如死在同学们手里呀！况且我即使不能高规格下葬，难道我会死在路上吗？”

9.13 子贡曰：“有美玉于斯，韫椟而藏诸①？求善贾而沽诸②？”子曰：“沽之哉！沽之哉！我待贾者也。”

【注释】

①韫椟而藏诸：韫，音 yùn，包裹。椟，音 dú，匣子，柜子；这里活用为动词，用柜子装的意思；诸，“之乎”的合音字。

②善贾：有两解。一解“贾”为商贾(gǔ)；一解“贾”通“价”；善贾，善价，好价钱。形容词“善”在周秦时代只修饰“人”“士”等；农、工、商、贾、医、匠、庖等职业名一般则用“良”修饰；而在同期文献中，“善”修饰抽象名词如“善政”“善教”等常见。可见，读作“善价”是可以接受的。详见北大出版社《论语新注新译》这一章的“考证”。

【译文】

子贡说：“这里有一块美玉，把它放在柜子里藏起来呢？还是求一个好价钱卖掉呢？”孔子说：“卖掉它，卖掉它！我是在等待识货的人哪。”

9.14 子欲居九夷①。或曰：“陋②，如之何？”子曰：“君子居之，何陋之有？”

【注释】

①九夷：即淮夷，其北境与齐、鲁接壤。

②陋：僻陋、鄙陋，僻远而少文。该词不能解为“简陋”“粗陋”，因为《论语》时代的文献中，“陋”只有僻陋、固陋两义，前者形容地，后者形容人。详见北大出版社《论语新注新译》这一章的“考证”。

【译文】

孔子想搬到九夷去住。有人说：“那地方偏远闭塞，没有文化，怎么好去住？”孔子说：“有君子住在那儿，就不偏远闭塞了。”

9.15 子曰：“吾自卫反鲁，然后乐正，《雅》《颂》各得其所。”

【译文】

孔子说：“我从卫国回到鲁国，才把音乐〔的篇章〕整理出来，使《雅》和《颂》各有适当的位置。”

9.16 子曰："出则事公卿，入则事父兄①，丧事不敢不勉，不为酒困，何有于我哉②？"

【注释】

①父兄：孔子父亲早死，故此处只有"兄"有义，古人常有这种用法。

②何有于我哉：与《述而》的"何有于我哉"(7.2)意思相同。

【译文】

孔子说："出外便服事公卿，入门便服事父兄，有丧事不敢不全力以赴，不被酒所困扰，〔如能做到这些，〕那我孔丘又算得了什么？"

9.17 子在川上曰："逝者如斯夫！不舍昼夜①。"

【注释】

①不舍昼夜："舍"字读音意义有歧异。一读为 shě，意为放弃、抛弃，这一音义后来写作"捨"；一读为 shè，是由客舍义引申出的止息、停留义，古注"音赦"。我们取前一音义，即音 shě，放弃、抛弃义。因为，一是先秦典籍中所有"不舍"，《经典释文》都注"音舍"，从不注"音赦"或其他；二是，先秦典籍中，当"舍"的宾语为谓词性成分或抽象名词等较为抽象的成分时，一般都读作 shě，意为放弃、抛弃。而"昼""夜"等时间名词也属于广义的抽象名词。详见北大出版社《论语新注新译》这一章的"考证"。

【译文】

孔子在河边上叹道："流逝的就像这个一样吧——日夜而不停！"

9.18 子曰："吾未见好德如好色者也。"

【译文】

孔子说："我还没见过喜爱道德赛过喜爱美貌的人。"

9.19 子曰："譬如为山，未成一篑，止，吾止也。譬如平地，虽覆一篑，进，吾往也。"

【译文】

孔子说："好比堆土成山，只差一筐土了，如果〔应该〕停止，我会停下来。好比平地堆土成山，即使才刚刚倒下一筐土，如果〔应该〕前进，我会一往无前。"

9.20 子曰："语之而不惰者，其回也与！"

【译文】

孔子说："听我说话专心致志的，也许只有颜回吧！"

9.21 子谓颜渊曰[①]："惜乎！吾见其进也，未见其止也。"

【注释】

①子谓颜渊曰：唐写本《论语》郑玄注说："颜渊病，孔子往省之，故发此言，痛惜之甚。"那么，这明明是颜渊病重孔子去探视他的时候说的。先秦汉语中，"谓……曰"格式都是"对……说"的意思。有好些《论语》注本，仅仅依据语言系统之外的所谓"情理"，就把"子谓颜渊曰"标点成"子谓颜渊，曰"，实不可信。这一章的"子谓颜渊曰"和7.11的"子谓颜渊曰"完全是一样的意思。详见北大出版社《论语新注新译》这一章的"考证"。

【译文】

孔子对颜渊说："可惜呀！我只看见你不断地进步，从没看见你停滞不前。"

9.22 子曰："苗而不秀者有矣夫[①]！秀而不实者有矣夫[②]！"

【注释】

①秀：禾黍扬花吐穗。

②"苗而不秀"不知何指，"秀而不实"当指颜回。

【译文】

孔子说："庄稼长大了，却没来得及吐穗扬花，是有的吧！吐穗扬花了，却没来得及灌浆结实，是有的吧！”

9.23 子曰：“后生可畏，焉知来者之不如今也？四十、五十而无闻焉，斯亦不足畏也已。”

【译文】

孔子说：“年少的人是可敬畏的，怎么能断定他将来赶不上现在的人呢？到了四五十岁还没有什么名声，那人也就不值得惧怕了。”

9.24 子曰：“法语之言，能无从乎？改之为贵。巽与之言[①]，能无说乎？绎之为贵。说而不绎，从而不改，吾末如之何也已矣[②]。”

【注释】

①巽：音 xùn，恭顺貌。

②末如之何：犹“莫可奈何”。

【译文】

孔子说：“严肃认真的话，能不顺从吗？改正错误才可贵。顺从己意的话，能不高兴吗？分析一下才可贵。只是高兴而不分析；只是顺从而不改正，这种人我拿他是没办法的了。”

9.25 子曰：“主忠信，毋友不如己者，过则勿惮改[①]。”

【注释】

①参见 1.8。

9.26 子曰：“三军可夺帅也[①]，匹夫不可夺志也。”

【注释】

①三军：据周朝制度，大国可以拥有三个军，因此以“三军”作为军队的通称。

【译文】

孔子说："一国的军队，可以强取它的主帅；一个平头百姓，却不能剥夺他的主张。"

9.27 子曰："衣敝缊袍[①]，与衣狐貉者立而不耻者，其由也与？'不忮不求，何用不臧[②]？'"子路终身诵之。子曰："是道也，何足以臧？"

【注释】

①衣敝缊袍：衣，音 yì，穿；缊，音 yùn，旧丝绵絮。

②这两句诗见《诗经·邶风·雄雉》；臧，善也。

【译文】

孔子说道："穿着破旧的絮袍与穿着狐皮大衣的人并肩而立，也不觉得惭愧的，恐怕只有仲由吧！《诗经》说：'不嫉妒，不心贪，做好啥事都不难。'"子路听了，便老念这两句诗。孔子又说："仅仅这个样子，怎么能够好起来？"

9.28 子曰："岁寒，然后知松柏之后凋也。"

【译文】

孔子说："天寒地冻，才知道松针柏叶是最后凋落的。"

9.29 子曰："知者不惑，仁者不忧，勇者不惧。"

【译文】

孔子说："明智的人不常疑惑，仁德的人总是乐观，勇敢的人无所畏惧。"

9.30 子曰："可与共学，未可与适道；可与适道，未可与立[①];可与立,未可与权。"

【注释】

①与立:结为盟友。可参15.14注②。

【译文】

孔子说:"能够一道学习的人,未必会和他志同道合;能够志同道合的人,未必会成为至交;能够成为至交的人,未必会和他通权达变,事事取得一致。"

9.31"唐棣之华,偏其反而。岂不尔思?室是远而。"子曰:"未之思也,夫何远之有?"[①]

【注释】

①唐棣……夫何远之有:唐棣,一种植物,即《诗经·小雅》的"常棣",也即"棠棣",就是郁李。"唐棣之华,偏其反而"大约就是颜回讲的"瞻之在前,忽焉在后"(9.11)。"夫何远之有"可能是"仁远乎哉?我欲仁,斯仁至矣"(7.30)的意思。

【译文】

古诗上说:"唐棣树的花儿,随风翻飞上下;难道不想念你吗?只因家远在天涯。"孔子说:"他不是真正的想念哪,真的想念,那有什么远呢?"

【评鉴】

子罕言

本篇第一章"子罕言利与命与仁。"读者可能不解,《论语》中言"利"确实不多,"利"在孔子的思想中也处于次要的地位,但"命"和"仁"在《论语》中常常出现,是理解孔子思想不可绕过的内容,为什么此处说孔子"罕言"呢?须知,《论语》是门人弟子对孔子言行记录的汇编,孔子一生对学生说过的话何止千万言,录入《论语》的只是极少的一部分,不能因为《论语》中记载得多,就认为孔子一定说得多。

可能恰恰是因为这两个问题极为重要,所以孔子偶尔提及,弟子便留心记录,编撰《论语》时也就尽可能地收录。当然,也有人将此章断为“子罕言利,与命与仁”,对这种不审句例的随意想象,在此不予置评。

从孔子教育学生的方式来看,越是高深的问题,越是不会轻易言及。孔子因材施教,不像今天的快餐式教育那样忙不迭地和盘托出。孔子主张,一个人不到十分急切地需要获得某类知识的时候,就不要教给他这些知识(7.8)。一个人水平是怎样的,就教给他什么程度的知识(6.21)。没把该说的话讲给合适的人听,那就是“失人”;而把话讲给了不合适的人听,那就是“失言”(15.8)。古代的教育家对于知识很慎重。一方面,学生如果没准备好就教给他,那么他就没办法很好地掌握和运用知识,知识可能被曲解、误用,甚至引人走入歧途;另一方面,如果知识来得太容易了,也就容易轻视知识。

“可与共学,未可与适道;可与适道,未可与立;可与立,未可与权。”

这一章初看之下以为是说人的性格习气各有异同,故而可同行有之,不相为谋亦有之,所谓“性相近也,习相远也”(17.2)。但细细玩味会发现其中大有深意,实际上是谈道德修养的次序问题。欲近孔子之道,首先要有志于学,这就算立了志向;而后上了路,就算是知道方向了;再然后学有所成,懂得如何运用,就可以安身立命了;最难的是超脱于所学的局限与束缚,进入通达的境界,懂得如何权变。此章可以和《为政》第四章对照来看,孔子“十有五而志于学”,相当于“学”与“适道”;“三十而立,四十而不惑,五十而知天命”,相当于“立”;“六十而耳顺,七十而从心所欲不逾矩”,相当于“权”。从文献学习来看,“学”包含一切知识教育;“适道”则相当于学《诗》,因为《诗》主政事(13.5);“立”相当于学“礼”,学了“礼”才能立足于社会(8.8);“权”相当于学《易》,能够进退有度而“无大过”(7.17)。

乡党篇第十

10.1 孔子于乡党,恂恂如也[①],似不能言者。其在宗庙朝廷,便便言[②],唯谨尔。朝,与下大夫言,侃侃如也;与上大夫言,訚訚如也[③]。君在,踧踖如也[④],与与如也[⑤]。君召使摈,色勃如也,足躩如也[⑥]。揖所与立,左右手,衣前后[⑦],襜如也[⑧]。趋进[⑨],翼如也。宾退,必复命曰:"宾不顾矣。"入公门,鞠躬如也[⑩],如不容。立不中门,行不履阈。过位[⑪],色勃如也,足躩如也,其言似不足者。摄齐升堂[⑫],鞠躬如也,屏气似不息者[⑬]。出,降一等,逞颜色,怡怡如也。没阶,趋进,翼如也。复其位,踧踖如也[⑭]。

【注释】

①恂:音 xún,恭顺的样子。

②便便:音 pián – pián,说话流畅的样子。

③訚訚如:不卑不亢的样子。訚訚,音 yín – yín,

④踧踖如:恭敬而略显局促的样子。踧踖,音 cùjí。

⑤与与如:行走安详舒泰的样子。

⑥躩如:逡巡不前的样子。躩,音 jué,

⑦前后:俯仰的意思。

⑧襜如:摇动的样子。襜,音 chān,

⑨趋进:俯身向前小步快走,用以表敬意。

⑩鞠躬如:谨慎恭敬的样子。

⑪过位:经过君主空着的座位;过,音 guō。

⑫摄齐:齐,音 zī,衣裳缝了边的下摆;摄,提起。

⑬屏气:即屏息。屏,音 bǐng。

⑭本篇仅一章,为便于阅读,今分为九节。

【译文】

孔子在本乡本土非常恭顺，好像说不出话的样子。他在宗庙里，朝廷上，便能明白晓畅地说出自己的意见，只是说得不多。上朝时，〔在君主到来之前，〕同下大夫说话，温和而快乐；同上大夫说话，正直而恭敬。君主来了，便显出恭敬而局促的样子，行步却从容安详。鲁君召他接待国宾，他面色矜持庄重，走路也似逡巡不前。向两旁的人作揖，不停地左右拱手，衣裳前后俯仰，飘飘荡荡。快步向前，如鸟儿展翅。贵宾退下后，一定向君主报告："客人已经不回头了。"走进朝廷大门，他的仪容十分敬畏，好像无处容身。站，不站在门中间；走，不踩门槛。经过国君座位，面色矜持，逡巡不前，惜字如金，好像没有多少话讲似的。提起下摆朝堂上走，恭敬谨慎，憋住气好像不呼吸。出来，下一级台阶，面色舒展，怡然自得。下完台阶，轻快地向前走几步，如同鸟儿舒展翅膀。回到自己的位置，又显出恭敬局促的样子。

10.2 执圭①，鞠躬如也，如不胜②。上如揖，下如授。勃如战色，足蹜蹜如有循③。享礼④，有容色。私觌⑤，愉愉如也。

君子不以绀緅饰⑥，红紫不以为亵服⑦。当暑，袗絺绤⑧，必表而出之。缁衣，羔裘；素衣，麑裘；黄衣，狐裘⑨。亵裘长，短右袂⑩。必有寝衣⑪，长一身有半。狐貉之厚以居⑫。

【注释】

①圭：一种玉器；举行典礼的时候，君臣都拿着。

②胜：音 shēng，能担负得了。

③蹜蹜：音 suōsuō，举脚密而狭的样子。

④享礼：出使外国，初到，便行聘问礼。"执圭"到"如有循"正是行聘问礼时孔子的情形。聘问后，便行享礼；使臣把带来的礼物罗列满庭。

⑤觌：音 dí，相见。

⑥绀緅饰：绀，音 gàn，緅，音 zōu，都是颜色。饰，镶边。古代，正式礼服都是

黑色,而这两种颜色都近于黑色,所以不用来镶边,为别的颜色做装饰。

⑦红、紫:高贵的颜色,故不宜家居所用。

⑧袗絺绤:袗,音 zhěn,单,此处活用为动词,穿单衣;絺,音 chī,细葛布;绤,音 xì,粗葛布。

⑨这三句表示衣服里外颜色应该相称。古代皮衣毛向外,故外面一定要用罩衣,即裼(xī)衣。

⑩短右袂:袂,音 mèi,袖子。右袖较短,以求工作方便。

⑪寝衣:即被子;古代大被叫“衾”,小被叫“被”。

⑫狐貉之厚以居:穿着厚狐貉裘在家接待宾客。皇侃《论语义疏》说:“此谓在家接待宾客之裘也。”也即,在家接待宾客穿着厚狐貉之裘。但刘宝楠《论语正义》却认为“居”有“坐”义,“狐貉之厚以居”是以厚狐貉皮为坐垫。几乎所有《论语》的今注本都从“坐垫”之说。但刘宝楠并未能证明此处的“居”恰恰就是“坐”义,故并不可靠。《礼记·服问》:“公为卿大夫,锡衰以居,出亦如之。”意谓国君为卿大夫服丧,日常居处时服锡衰,外出时亦如此。“狐貉之厚以居”和“锡衰以居”句式完全相同。可见,皇侃《论语义疏》所说是有道理的。详见北大出版社《论语新注新译》这一节的“考证”(一)。

【译文】

〔孔子出使外国,举行典礼,〕拿着圭,恭敬谨慎得好像举不起来。向上举好像作揖,向下好像在交给别人。面色凝重如同作战,脚步紧凑好像踩着一条线似的。献礼物时,满脸和气。私下见外国君臣,就显得轻松愉快。

君子不用天青色和铁灰色做镶边,浅红色和紫色的布不用来做平常居家的衣服。暑天,穿着粗的或细的葛布单衣,但一定裹着衬衫,使它露在外面。黑衣配紫羔,白衣配麑裘,黄衣配狐裘。居家的皮袄较长,但右袖要做得短些。睡觉一定有小被,约有一个半人长。〔冬天〕家居时接待宾客,穿厚狐貉皮裘。

10.3 去丧,无所不佩。非帷裳[①],必杀之[②]。羔裘玄冠不以吊[3]。吉月[4],必朝服而朝。

齐,必有明衣,布。齐必变食,居必迁坐[5]。

【注释】

①帷裳:礼服裙,上朝和祭祀时穿,用整幅布做,不加剪裁。

②杀:音 shài,裁去。

③羔裘、玄冠:均为黑色,用作吉服,不能穿戴着去吊丧。玄冠,一种礼帽。

④吉月:这两字有好些说法。程树德《论语集释》说是大年初一,姑从之。

⑤迁坐:改变卧室。古代上层人物平时和妻室居于“燕寝”,斋戒时则居于“外寝”(正寝),和妻室不同房。

【译文】

丧期满了以后,什么东西都可以佩戴。不是上朝和祭祀时穿的礼服,一定裁去一些布。紫羔和黑色礼帽都不穿戴着去吊丧。大年初一,必定着上朝的礼服去朝贺。

斋戒沐浴的时候,一定有浴衣,用布做的。斋戒时,一定改变平常的饮食;居住也一定搬迁地方〔,不与妻妾同房〕。

10.4 食不厌精,脍不厌细。食饐而餲[1],鱼馁而肉败[2],不食。色恶,不食。臭恶,不食。失饪,不食。不时,不食。割不正[3],不食。不得其酱,不食。肉虽多,不使胜食气[4]。唯酒无量,不及乱[5]。沽酒市脯不食[6]。不撤姜食,不多食[7]。

【注释】

①食饐而餲:饐,音 yì;餲,音 ài,饮食经久而腐败。

②鱼馁而肉败:馁,音 něi,鱼腐烂;肉腐烂叫“败”。

③割不正:不按一定方法分解,即为“割不正”;割,牛羊肢体的分解。

④食气:饭料;食,音 sì;气,“饩”的古字。

⑤乱:神志昏乱。

⑥沽酒市脯不食:买来的酒和肉干,担心不精致不卫生,会伤害身体,所以不吃。沽、市,都是买的意思。

⑦不撤姜食,不多食:斋戒期间,禁止食荤(葱蒜之类有气味的蔬菜,不是指鱼和肉),姜虽辛辣,但无气味,所以不撤下。姜多食伤身,故须少吃。

【译文】

粮食尽可能精细,鱼肉尽可能切细。粮食发霉变质,鱼和肉腐败,都不吃。食物变色,不吃。气味难闻,不吃。食物没煮熟或煮得过久,不吃。不到该吃的时候,不吃。不是按一定方法切割的肉,不吃。没有一定的酱料,不吃。肉虽然多,吃它不超过主食。只有酒不限量,但不能喝醉。买来的酒和肉干不吃喝。姜不撤除,但不多吃。

10.5 祭于公,不宿肉[①]。祭肉不出三日。出三日,不食之矣。

食不语,寝不言。虽疏食菜羹,瓜祭[②],必斋如也。

【注释】

①不宿肉:分配的祭肉不过夜。大夫、士都须助君主祭祀。祭祀当日杀牲举行祭典,次日又祭,然后依等级分祭肉,此时肉已不太新鲜。若再留一夜才吃,恐对身体有害。

②瓜祭:《鲁论语》作"必祭",有些注家便以为"瓜"字是因形近而讹;其实"瓜"字不讹。唐写本《论语》该"瓜"字有草字头,郑玄注"三物虽薄,祭之必敬",与邢昺《疏》同。"三物"是指"疏食""菜羹"和"瓜"。《礼记·玉藻》:"瓜祭上环,食中,弃所操。"证明"瓜祭"并非于文献无征。俞樾《古书疑义举例》有"探下文而省例","疏食菜羹"的"祭"因"瓜"后的"祭"字而省略。详见北大出版社《论语新注新译》这一节的"考证"。

【译文】

助祭于国君,分得的祭肉不留到第二天。自家的祭肉留存不超过三天。超过了三天,便不吃了。

吃饭不交谈,睡觉不说话。即使是糙米饭、小菜汤和瓜的祭祀,祭的时候也一定像斋戒了一样。

10.6 席不正[①]，不坐。乡人饮酒[②]，杖者出，斯出矣。乡人傩[③]，朝服而立于阼阶[④]。问人于他邦[⑤]，再拜而送之[⑥]。

康子馈药[⑦]，拜而受之。曰："丘未达，不敢尝。"

厩焚。子退朝，曰："伤人乎？"不问马。

【注释】

①席：古代没有椅和凳，都是在地面上铺席子，坐在席子上。现在朝鲜、日本仍保留此种习惯。"席不正"是布席不合礼制。

②乡人饮酒：即行乡饮酒礼，详见《礼记·乡饮酒义》。

③傩：音 nuó，古代风俗，迎神以驱逐疫鬼。

④阼阶：东面的台阶，主人所立之地。阼，音 zuò。

⑤问：问讯，问好。古代问讯，常致送礼物。

⑥拜：拱手并弯腰。

⑦馈：音 kuì，赠送。

【译文】

座席摆得不端正，不坐。行乡饮酒礼后，要等老年人都出去了，自己才出去。本地的人们迎神驱鬼，穿着朝服站在东边的台阶上。托人给在外国的朋友问好送礼，要拜两次送别受托者。

季康子送药给孔子，孔子拜而接受，说："我不太了解这药性，还不敢试服。"

马棚失了火。孔子刚好退朝，问："伤了人吗？"却不问马。

10.7 君赐食，必正席先尝之。君赐腥，必熟而荐之[①]。君赐生，必畜之。侍食于君，君祭，先饭[②]。

疾，君视之，东首[③]，加朝服，拖绅[④]。君命召，不俟驾行矣。

入太庙，每事问[⑤]。

【注释】

①荐：进奉。这里进奉的是自己的祖先，但不能视为祭祀。

②饭:动词,吃饭,不包括吃菜。

③东首:国君自以为是全国的主人,就是到其臣下家,也从主人方位的东阶上下,病卧在床的孔子只好脸朝东了。

④加朝服,拖绅:孔子卧病,只能将朝服盖在身上;绅,腰间所束的大带。

⑤此六字与3.15重复。

【译文】

国君赐给熟食,孔子一定摆正座位先尝一尝。国君赐给生肉,一定先煮熟,再给祖宗进供。国君赐给活物,一定养着它。和国君一同吃饭,当他举行饭前祭礼的时候,自己先吃饭。

孔子病了,国君来探问,他便把头朝东,把朝服盖在身上,拖着大带。国君召见,不等车辆驾好马,立即先步行。

到了周公庙,孔子每件事情都发问。

10.8 朋友死,无所归,曰:"于我殡[①]。"朋友之馈,虽车马,非祭肉,不拜。

寝不尸,居不容[②]。

【注释】

①殡:这里指一切丧葬事务。

②居不容:应为"居不客",意为日常起居不必如做客般保持仪容。《经典释文》说:"苦百反","苦百反"即是"客"的反切。唐石经《论语》亦作"居不客"。据考察,"容"在先秦典籍中,其容貌、仪容义(名词)活用为动词(如《史记·刺客列传》之"士为知己者死,女为说己者容")十分罕见,"客"活用为动词则并不罕见。详见北大出版社《论语新注新译》这一节的"考证"。

【译文】

朋友死了,没人收殓,孔子便说:"丧葬由我来料理。"朋友的赠品,即使是车马,只要不是祭肉,孔子接受时也不行礼。

孔子睡觉不像死尸一样〔仰卧直躺〕,平时坐着,也不像接见客人或自己做客人一样〔跪着,臀部放在足跟上〕。

10.9 见齐衰者，虽狎，必变。见冕者与瞽者，虽亵，必以貌。凶服者式之[①]，式负版者[②]。

有盛馔，必变色而作。

迅雷风烈必变。

升车，必正立，执绥。车中，不内顾，不疾言，不亲指。

色斯举矣，翔而后集。曰："山梁雌雉，时哉时哉！"子路共之[③]，三嗅而作。

【注释】

①式：同"轼"；古代车辆前的横木叫"轼"，这里用作动词，用手伏轼的意思。

②版：国家图籍。

③共之：何晏《论语集解》："共具之。""共具"是伺候吃饭的意思。

【译文】

孔子看见穿齐衰以上孝服的人，即便是最亲密的，也一定改变仪容〔以示同情〕。看见戴礼帽的人和盲人，即使常相见，也一定有礼貌。

在车中遇着拿了送死人衣物的人，便手扶车前的横木，〔俯身，以示同情。〕遇见背负国家图籍的人，也手扶车前横木。

他人款待以丰盛美食，一定改变仪容，起立示敬。

遇见疾雷、大风，一定改变态度。

上车后，一定先端正地站好，拉着扶手带〔登车〕。在车中，不向内回顾，不很快地说话，不用手指指点点。

〔孔子一行在山谷中行走，看见几只野鸡。〕野鸡似乎觉得来者不善，马上飞向天空，盘旋一阵，又都停在一处。孔子说："这些山梁上的母野鸡，得其时啊！得其时啊！"子路〔理会错了孔子的意思，张网将它们捕获，〕煮熟端上给孔子吃，孔子闻了几下，站起身〔不吃它〕。

【评鉴】

本篇记载孔子在乡里、朝堂、礼宾、宴饮、祭祀、事君、交友等方面的言行举止，展现了孔子行“礼”的细节。篇中许多内容与《仪礼》《礼记》的记载相通，可能不是孔子的原创，而是他对礼仪规范的践履。礼仪规范涉及生活的方方面面，是古人生活智慧与伦理思想在具体事务当中的体现。读者阅读此篇，可以从孔子的言行举止中观想礼仪的具体用意。

如“鱼馁而肉败，不食”，“出三日，不食之矣”，包含着对食品安全的考虑。

“朝，与下大夫言，侃侃如也；与上大夫言，訚訚如也。”孔子官至大夫，“訚訚如”是表示对处高位者的恭敬，“侃侃如”表示对处低位者的亲近，为的是达到更融洽的朝堂氛围。

“见齐衰者，虽狎，必变。见冕者与瞽者，虽亵，必以貌。凶服者式之，式负版者。有盛馔，必变色而作。迅雷风烈必变。”表现的是对丧事、礼事、国事的敬重，对残疾人的尊重，对他人善意的恭敬以及对大自然的敬畏。

“君赐食，必正席先尝之。君赐腥，必熟而荐之。君赐生，必畜之。”君主赐下食品，马上认真品尝，是对君主馈赠的重视与感激。生食烹饪之后奉献给祖先，表示君主的恩赐不敢独享（不以君主赏赐的熟食进奉是因为祭品需要经过专门的烹饪）。活物不马上宰杀烹饪，因为活物能够保存，不轻易改变赐物的性状是对君主的敬畏，以示不擅自揣测君主馈赠的用意（活物未必仅可用于食用）。

“君命召，不俟驾行矣。”形象具体地表达了对君命的重视。

任何一个具体的仪节背后都有极丰富的考虑。以上粗论几例，难免挂一漏万，仅供参考。

先进篇第十一

11.1 子曰："先进于礼乐，野人也；后进于礼乐[①]，君子也。如用之，则吾从先进。"

【注释】

①先进、后进：子曰："周监于二代，郁郁乎文哉！吾从周。"又曰："礼，与其奢也，宁俭；丧，与其易也，宁戚。"（均见《八佾》）春秋时期，礼崩乐坏，在位之君子所行者，均非古制；而乡间鄙远，古风存焉，所谓"礼失求诸野"也。

【译文】

孔子说："秉持着西周以前礼乐文教的，是野人；秉持着东周以后礼乐文教的，是君子。若要用礼乐，我主张用西周以前的。"

11.2 子曰："从我于陈、蔡者[①]，皆不及门也。"

【注释】

①从我于陈、蔡者：从，音 zòng。据《史记・孔子世家》：楚使人聘孔子，适子在陈、蔡之间。二国大夫因平时言行与孔子相左，畏孔子为楚所用，于己不利，因使人围困孔子一行于郊野。绝粮，随从者都饿得爬不起来，唯孔子弦歌不绝。后使子贡至楚，楚兴师，围乃解。

【译文】

孔子说："跟着我在陈国、蔡国之间忍饥挨饿的人，都不在我这里了。"

11.3 德行：颜渊、闵子骞、冉伯牛、仲弓。言语：宰我、子贡。政事：冉有、季路。文学[①]：子游、子夏。

【注释】

①文学:指古代文献,即孔子所传的《诗》《书》《易》等。

【译文】

〔孔子的学生各有千秋。〕德行好的有颜渊、闵子骞、冉伯牛、仲弓。能说会道的有宰我、子贡。擅长处理政务的有冉有、季路。熟悉古代文献的有子游、子夏。

11.4 子曰:“回也非助我者也,于吾言无所不说。”

【译文】

孔子说:“颜回呀,不是对我有所帮助的人,他对我的话没有不喜欢的。”

11.5 子曰:“孝哉闵子骞!人不间于其父母昆弟之言。”

【译文】

孔子说:“孝顺哪,闵子骞!别人对于他爹娘兄弟称赞他的话没有异议。”

11.6 南容三复白圭①,孔子以其兄之子妻之。

【注释】

①白圭:白圭的四句诗见于《诗经·大雅·抑》,意思是白圭的污点还可以磨掉,我们言语中的污点却没法去掉。大概南容是个谨慎的人,能做到“邦有道,不废;邦无道,免于刑戮”(5.2)。

【译文】

南容把“白圭之玷,尚可磨也;斯言之玷,不可为也”几句诗反复诵读,孔子便把自己的侄女嫁给他。

11.7 季康子问弟子孰为好学[①]。孔子对曰："有颜回者好学，不幸短命死矣，今也则亡。"

【注释】

①季康子问：鲁哀公也有此问，孔子回答较详，由此可见孔子对鲁君和季氏的态度。可参6.3。

【译文】

季康子问孔子的学生中哪个好学。孔子答道："有一个叫颜回的好学，不幸短命死了，现在再没有这样的人了。"

11.8 颜渊死，颜路请子之车以为之椁[①]。子曰："才不才，亦各言其子也。鲤也死[②]，有棺而无椁。吾不徒行以为之椁。以吾从大夫之后[③]，不可徒行也。"

【注释】

①颜路……为之椁：颜路，颜回父，名无繇(yóu)，字路，也是孔子学生；椁，音guǒ，棺材外面的大棺。

②鲤：字伯鱼，孔子的儿子，年五十死，时孔子年七十。

③以吾从大夫之后：这是谦逊的说法，意为"我曾为大夫"(孔子曾任鲁国司寇)。

【译文】

颜渊死了，他父亲颜路请求孔子卖掉车子来替颜渊置办外棺。孔子说："不管有才还是没才，但总是各自的儿子。我儿子鲤死了，也只有内棺，而无外棺。我不能〔卖掉车子〕步行来替他买外棺。因为我也曾随行于大夫行列之后，是不能步行的。"

11.9 颜渊死。子曰："噫！天丧予！天丧予！"

【译文】

颜渊死了，孔子说："唉！老天要我死啊！老天要我死啊！"

11.10 颜渊死,子哭之恸。从者曰:"子恸矣!"曰:"有恸乎? 非夫人之为恸而谁为①?"

【注释】

①非夫人之为恸:夫人,那人;作"恸"的前置宾语。这句可理解为"非为夫人恸"。

【译文】

颜渊死了,孔子哭得很伤心。随从孔子的人说:"先生太伤心了!"孔子说:"真是太伤心了吗? 我不为那个人伤心,还为谁伤心呢!"

11.11 颜渊死,门人欲厚葬之。子曰:"不可①。"

门人厚葬之。子曰:"回也视予犹父也! 予不得视犹子也! 非我也,夫二三子也!"

【注释】

①不可:当时礼制规定,丧葬厚薄要根据家庭经济状况来定。颜渊家贫,应薄葬。他的同学出于好意想要厚葬他,孔子遵守礼制,反对这样做。

【译文】

颜渊死了,孔子的学生们想要很丰厚地埋葬他。孔子说:"不可以。"

学生们仍然很丰厚地埋葬了他。孔子说:"颜回呀,你对待我好像对待父亲哪! 我却不能像对待儿子一样对待你呀! 这不能怪我呀,是你的那些同学干的呀!"

11.12 季路问事鬼神。子曰:"未能事人,焉能事鬼?"

曰:"敢问死①。"曰:"未知生,焉知死?"

【注释】

①敢:表敬副词。古代地位低下者向尊贵者进言,多用之。

【译文】

子路问怎样服事鬼神。孔子说:“人还不能服事,又怎能去服事鬼?”

子路又说:“我冒昧地请问死是怎么回事?”孔子说:“生的道理还没有弄明白,怎么能够懂得死?”

11.13 闵子侍侧,訚訚如也;子路,行行如也[①];冉有、子贡,侃侃如也。子乐。“若由也,不得其死然[②]!”

【注释】

①行:音 hàng,行行如,刚强负气的样子。

②若由也,不得其死然:子路过于刚直,孔子担心,提醒他注意。后来子路果然死于非命。

【译文】

闵子骞站在孔子身旁,显得恭敬而正直;子路显得很刚强;冉有、子贡显得温和、愉快。孔子很高兴。〔但又说:〕“像仲由这样子,像是不得善终的呀!”

11.14 鲁人为长府。闵子骞曰:“仍旧贯,如之何?何必改作?”子曰:“夫人不言,言必有中。”

【译文】

鲁国翻修金库——长府。闵子骞道:“仍像原来的样子如何?为什么一定要翻修呢?”孔子说:“那人平时不大开口,一开口却十分中肯。”

11.15 子曰:“由之瑟奚为于丘之门?”门人不敬子路。子曰:“由也升堂矣,未入于室也[①]。”

【注释】

①升堂、入室：堂是正厅，室是内室。先入门，次升堂，后入室，表示做学问的几个阶段。

【译文】

孔子说："仲由鼓瑟，为什么在我这儿来弄呢？"学生们因此瞧不起子路。孔子又说："由嘛，已经登上堂了，只是还没有进入室中。"

11.16 子贡问师与商也孰贤。子曰："师也过，商也不及。"曰："然则师愈与？"子曰："过犹不及①。"

【注释】

①过犹不及：子曰："中庸之为德也，其至矣乎！"（6.29）太过与不及都不是中庸，所以孔子这样说。

【译文】

子贡问孔子颛孙师（子张）和卜商（子夏）两个人谁强。孔子说："师啊，有点过分；商呢，有点赶不上。"

子贡说："那么，师强一点吗？"孔子说："过分和赶不上一个样。"

11.17 季氏富于周公，而求也为之聚敛而附益之。子曰："非吾徒也。小子鸣鼓而攻之，可也。"

【译文】

季氏比周公还有钱，而冉求还替他搜刮，增加更多的财富。孔子说："冉求不是我们的人，你们学生大张旗鼓地去攻击他，是可以的。"

11.18 柴也愚①，参也鲁，师也辟②，由也喭③。

【注释】

①柴：高柴。字子羔，孔子学生，比孔子小三十岁（前521—？）。

②辟：不实在。朱熹说：“辟，便辟也；谓习于容止，少诚实也。”

③喭：音 yàn，粗暴，鲁莽。

【译文】

高柴愚笨，曾参迟钝，颛孙师重容貌，仲由太鲁莽。

11.19 子曰：“回也其庶乎[①]，屡空[②]。赐不受命，而货殖焉，亿则屡中[③]。”

【注释】

①其庶乎：其庶几乎，可以了吧，差不多了吧。

②空：既贫（无财货）且穷（行不通）。

③亿：臆断，猜测，类似现在股民的猜测行情涨和跌。

【译文】

孔子说：“颜回的学问道德差不多了吧，可是常常穷得没办法。端木赐不安本分，囤积投机，猜测行情，却屡屡猜中了。”

11.20 子张问善人之道。子曰：“不践迹，亦不入于室。”

【译文】

子张问怎样做才是善人。孔子说：“不踩着别人的脚印走，道德文章也难以到家。”

11.21 子曰：“论笃是与[①]，君子者乎？色庄者乎？”

【注释】

①论笃是与：与，许，赞许，推许；论笃，论笃者；“论笃”是“与”的前置宾语。

【译文】

孔子说：“总是推许言论笃实的人，他是真正的君子呢？还是故作深沉的人呢？”

11.22 子路问闻斯行诸[①]。子曰："有父兄在，如之何其闻斯行之？"

冉有问闻斯行诸。子曰："闻斯行之。"

公西华曰："由也问闻斯行诸，子曰：'有父兄在。'求也问闻斯行诸，子曰：'闻斯行之。'赤也惑，敢问。"子曰："求也退，故进之；由也兼人[②]，故退之。"

【注释】

①诸："之乎"的合音字。

②兼人：兼有两个人的勇气，敢作敢为。

【译文】

子路问听到是否干起来。孔子说："爸爸哥哥还健在，怎么能听到就干起来？"冉有问听到是否干起来。孔子说："听到就干起来。"

公西华说："仲由问听到就干起来吗，您说'爸爸哥哥还健在，〔不能这样做〕'；冉求问听到就干起来吗，您却说'听到就干起来'。我给弄糊涂了，大胆地来问问您。"孔子说："冉求平时做事退缩，所以我给他打打气；仲由却有两个人的胆量，所以我要给他泼点冷水。"

11.23 子畏于匡，颜渊后。子曰："吾以女为死矣。"曰："子在，回何敢死？"

【译文】

孔子在匡被围困了之后，颜渊最后才来。孔子说："我还以为你死了。"颜渊说："您还健在，我怎么敢死呢？"

11.24 季子然问仲由、冉求可谓大臣与[①]。子曰："吾以子为异之问，曾由与求之问。所谓大臣者，以道事君，不可则止。今由与求也，可谓具臣矣[②]。"

曰:"然则从之者与?"子曰:"弑父与君,亦不从也。"

【注释】

①季子然:当为季氏同族之人。

②具臣:何晏《论语集解》引孔安国说:"言备臣数而已。"按,"具"之有"才具"义大约在南北朝之后,故"具臣"不当理解为"有才具之臣"。详见北大出版社《论语新注新译》这一章的"考证"。

【译文】

季子然问仲由和冉求可以说是大臣吗。孔子说:"我以为您是问别人,原来问的是由与求哇。我们所说的大臣,应心怀仁义来服事君主;如果这样行不通,就宁愿辞职不干。如今由和求呢,可以说是初具资格的臣属了。"

季子然又问:"那么,他们会唯命是从吗?"孔子说:"杀父亲和君主的事,他们也不会顺从的。"

11.25 子路使子羔为费宰。子曰:"贼夫人之子!"

子路曰:"有民人焉,有社稷焉,何必读书,然后为学?"

子曰:"是故恶夫佞者。"

【译文】

子路叫子羔去做费地行政长官。孔子说:"这是害了那里人的儿子!"

子路说:"那地方有老百姓,有土地和五谷,为什么定要读书才叫做学问呢?"

孔子说:"所以我讨厌那巧舌如簧的人。"

11.26 子路、曾皙[①]、冉有、公西华侍坐[②]。

子曰:"以吾一日长乎尔,毋吾以也。居则曰[③]:'不吾知也!'如或知尔,则何以哉?"

子路率尔而对曰："千乘之国，摄乎大国之间，加之以师旅，因之以饥馑；由也为之，比及三年[④]，可使有勇，且知方也。"

夫子哂之。

"求！尔何如？"

对曰："方六七十[⑤]，如五六十[⑥]，求也为之，比及三年，可使足民。如其礼乐[⑦]，以俟君子。"

【注释】

①曾皙：名点，曾参的父亲，也是孔子学生。

②从这一句到"宗庙会同……孰能为之大"为一章，今为阅读方便，分为三节。

③居：平时，平常。

④比：音 bì，等到。

⑤方六七十：方圆六七十里。

⑥如：或者。

⑦如其礼乐：（至于要）合乎礼乐。如其，符合，合于。详见北大出版社《论语新注新译》14.16 章的"考证"。

【译文】

子路、曾皙、冉有、公西华四人陪孔子坐着。

孔子说道："因为我比你们痴长几天，〔老了，〕没有人用我了。你们平时说：'人家不了解我呀！'如果有人了解你们，〔打算请你们出去，〕那你们怎么办呢？"

子路不假思索地答道："一千辆兵车的国家，局促地处在几个大国之间，外面有军队侵犯它，国内又常闹灾荒。我去治理，等到三年以后，可以使人人有勇气，而且懂得大道理。"

孔子微微一笑。

又问："冉求！你怎么样？"

答道："方圆六七十里或者五六十里的小国家，我去治理，等到三年以后，可以使人民丰衣足食。至于如何做才合乎礼乐，那只有等待贤人君子了。”

“赤！尔何如？”

对曰：“非曰能之，愿学焉。宗庙之事，如会同，端章甫[①]，愿为小相焉[②]。”

“点！尔何如？”

鼓瑟希，铿尔，舍瑟而作[③]，对曰：“异乎三子者之撰。”

子曰：“何伤乎？亦各言其志也。”

曰：“莫春者[④]，春服既成[⑤]，冠者五六人，童子六七人，浴乎沂[⑥]，风乎舞雩[⑦]，咏而归。”

夫子喟然叹曰[⑧]：“吾与点也[⑨]！”

【注释】

①端章甫：端，礼服；章甫，礼帽；这里都活用作动词。

②相：音 xiàng，赞礼者。

③作：站立。

④莫：“暮”的古字。

⑤成：定。

⑥沂：音 yí，水名，源出山东邹县西北，西经曲阜与洙水合，入于泗水。

⑦舞雩：用以求雨的台名。在今曲阜南郊。雩，音 yú。

⑧喟然：长叹息貌；喟，音 kuì。

⑨吾与点也：与，赞同，同意。杨树达先生《论语疏证》说：“孔子所以与曾点者，以点之所言为太平社会之缩影也。”

【译文】

孔子又问：“公西赤！你怎么样？”

答道：“不是说我已经很有能力了，我愿意这样学习：祭祀的工作或者同外国会盟，我穿着礼服，戴着礼帽，做一个小司仪者。”

又问："曾点！你怎么样？"

他弹瑟正近尾声，铿的一声把瑟放下，站起来答道："我的志向和他们三位所讲的不同。"

孔子说："有什么关系呢，正是要各人说出自己的志向啊！"

曾皙便说："暮春时节，春天衣服都已穿定了，我和五六位成年人，六七个小孩，在沂水中洗洗澡，在舞雩台上吹吹风，再唱着歌儿回家。"

孔子长叹一声说："我同意曾点的主张！"

三子者出，曾皙后。曾皙曰："夫三子者之言何如？"

子曰："亦各言其志也已矣。"

曰："夫子何哂由也？"

曰："为国以礼，其言不让，是故哂之。"

"唯求则非邦也与[①]？"

"安见方六七十如五六十而非邦也者？"

"唯赤则非邦也与？"

"宗庙会同，非诸侯而何？赤也为之小，孰能为之大？"

【注释】

①唯：用在句首引出话题的助词。

【译文】

子路、冉有、公西华三人都出去了，曾皙后走。曾皙问道："那三位同学的话怎样？"

孔子说："也不过各人说说自己的志向罢了。"

曾皙又说："先生为什么对仲由微笑呢？"

孔子说："治理国家应该讲求礼，可是他的话一点都不谦让，所以笑笑他。"

"难道冉求所讲的就不是国家吗？"

孔子说:“怎么见得方圆六七十里或五六十里地就不够一个国家呢?”

“公西赤所讲的不是国家吗?”

孔子说:“有宗庙,有国际间的盟会,不是国家是什么?〔我笑仲由的不是说他不能治理国家,而是笑他说话的内容和态度不够谦虚。譬如公西赤,他是个十分懂得礼仪的人,但他只说愿意学着做一个小司仪者。〕如果他只做一个小司仪者,又有谁来做大司仪者呢?”

【评鉴】

君子、野人

本篇多言孔门弟子事,故而后世儒者常常认为先进、后进指的是弟子入门先后(11.1),其实未必。《论语》的编撰虽然分篇有一定主旨,但随机性仍然较大。本篇“先进”“后进”具体指代不明,大可以效法孔子“多闻阙疑”,就本章解本章,而后再求触类旁通。

后世注家对本章(11.1)有种种不同的见解,大抵源于对孔子崇“野人”非君子感到困惑。孔子推崇君子,但说君子就应该胜过“野人”,其实没有根据。君子的本义是有一定社会地位的人,后来被赋予了道德属性。《论语》中不乏以君子指有地位的人之例,如:“君子怀德,小人怀土;君子怀刑,小人怀惠。”(4.11)“子为政,焉用杀?子欲善而民善矣。君子之德风,小人之德草。草上之风,必偃。”(12.20)以德言的更多,例如:“君子周而不比,小人比而不周”(2.14)“君子喻于义,小人喻于利。”(4.16)“女为君子儒!无为小人儒!”(6.13)“君子坦荡荡,小人长戚戚。”(7.37)“君子成人之美,不成人之恶。小人反是。”(12.17)本章的“君子”乃以位言。孔子之世,礼崩乐坏,正“礼失,求诸野”(《汉书·艺文志》引孔子言)之际。“野人”远离文化中心,受后世的习气影响小,保留的正是“礼失”之前的遗风,故而孔子欲征三代之礼,当从“野人”,不从君子。

吾与点也

读者品玩此章(11.26)常有困惑,明代大学者王阳明的学生就问老师,子路、冉有和公西华说的都是实用的正经事,为什么孔子不置可否,曾点说的事情近乎玩物丧志,圣人却赞许他呢?阳明先生的解释颇得要领,一是“二三子”有“意”“必”(9.4),于是乎偏向一边,有得必然有失,这就堕入了“器”的层次,不是孔子的精神;而曾点的志向正好符合他的身份,“不在其位,不谋其政”,悠然自得,正应了“君子不器”(2.12)之说。二是,孔子从能力上认可子路、冉有、公西华。可以补充的是,说“吾与点也”,孔子是觉得曾点的志向与自己更相近,这里有孔子自身的生命体验参与其中,不是说曾点就胜过“二三子”。如果《孔子家语》的记载可信的话,曾点并不是一个潇洒从容的人。曾点的儿子,孔子的爱徒曾子,因为锄草弄断了瓜秧,被曾点一棒子打到昏厥,让孔子大为光火。孔子一生颠沛流离,但始终“守死善道”(8.13)。道之不行是命,孔子只能泰然处之,“居易以俟命”(《中庸》)。“孔颜之乐”指的就是“居易”的状态,这是“乐山乐水”(6.23)的高明境界。圣人不可学,孔子的“乘桴浮于海”与曾点的“浴乎沂,风乎舞雩,咏而归”看似相近,本质上却不同。另一种解释是杨树达先生所说的,“孔子所以与曾点者,以点之所言为太平社会之缩影也。”(《论语疏证》)社会安定祥和是孔子一直向往并孜孜以求的。理想型的社会是人人各安其是的社会,是无为而治的社会;能者有其位的社会其实是次一等的,但孔子就连次一等的社会也不曾够着,不能在现实中触碰理想,便只能在精神上遥契了。

颜渊篇第十二

12.1 颜渊问仁。子曰:“克己复礼为仁。一日克己复礼,天下归仁焉[①]。为人由己,而由人乎哉?”

颜渊曰:“请问其目。”子曰:“非礼勿视,非礼勿听,非礼勿言,非礼勿动。”

颜渊曰:“回虽不敏,请事斯语矣。”

【注释】

①天下归仁:天下(的百姓)都将归向仁德。清代毛奇龄说这章的“归仁”乃是“称仁”的意思,不确。详见北大出版社《论语新注新译》这一章的“考证”。

【译文】

颜渊问仁德。孔子说:“抑制自己,使言语行动都回复到礼所允许的范围,就是仁。一旦这样做成了,天下的人都会归向仁德。实践仁德,全靠自己,难道还靠别人不成?”

颜渊说:“请问行动的纲领。”孔子说:“不合礼的事不看,不合礼的话不听,不合礼的话不说,不合礼的事不做。”

颜渊说:“我虽不聪敏,也要实行您这话。”

12.2 仲弓问仁。子曰:“出门如见大宾,使民如承大祭。己所不欲,勿施于人。在邦无怨,在家无怨[①]。”

仲弓曰:“雍虽不敏,请事斯语矣。”

【注释】

①在邦无怨,在家无怨:在邦,指在诸侯朝廷做事;在家,指在卿大夫采邑中做事。参见12.21。《左传》文公四年“在国必乱,在家必亡”的“家”,也指卿大夫的采邑。无怨,不是指别人无怨于我,而是指我对别人没有怨恨。

【译文】

仲弓问仁德。孔子说:"出门〔工作〕好像去接待贵宾,役使百姓好像去承担大祀典,〔事事严肃认真,小心谨慎。〕自己所不喜欢的事物,就不强加于别人。仕于诸侯不心生怨恨,仕于卿大夫也不心生怨恨。"

仲弓说:"我虽然不聪敏,也要实行您这话。"

12.3 司马牛问仁①。子曰:"仁者,其言也讱。"

曰:"其言也讱,斯谓之仁已乎?"子曰:"为之难,言之得无讱乎?"

【注释】

①司马牛问仁:《史记·仲尼弟子列传》:"司马耕,字子牛,牛多言而躁,问仁于孔子。孔子曰:'仁者其言也讱。'"

【译文】

司马牛问仁德。孔子说:"仁人,他的言语迟钝。"

司马牛说:"言语迟钝,这就叫作仁了吗?"孔子说:"做起来不容易,说话能够不迟钝吗?"

12.4 司马牛问君子。子曰:"君子不忧不惧。"

曰:"不忧不惧,斯谓之君子已乎?"子曰:"内省不疚,夫何忧何惧?"

【译文】

司马牛问怎样才能成为一个君子。孔子说:"君子不忧愁,不恐惧。"

司马牛说:"不忧愁,不恐惧,这样就可以叫作君子了吗?"孔子说:"问心无愧,那有什么可以忧愁和恐惧的呢?"

12.5 司马牛忧曰:“人皆有兄弟,我独亡[①]。”子夏曰:“商闻之矣[②]:死生有命,富贵在天。君子敬而无失,与人恭而有礼。四海之内,皆兄弟也！君子何患乎无兄弟也?”

【注释】

①亡:通“无”。

②商:卜商,字子夏。

【译文】

司马牛忧愁地说:“别人都有兄弟,就我没有。”子夏说:“我听说过:死生交给命运,富贵全凭老天。君子只管严肃认真,没有过失,对他人谦恭有礼,普天之下,到处都是兄弟——君子哪里用得着担心没有兄弟呢?”

12.6 子张问明。子曰:“浸润之谮[①],肤受之愬[②],不行焉,可谓明也已矣。浸润之谮,肤受之愬,不行焉,可谓远也已矣。”

【注释】

①谮:音 zèn,谗言。

②愬:同“诉”,控诉,这里指诬告。

【译文】

子张问怎样才能明察秋毫。孔子说:“日积月累水滴石穿般的谗言,以及表面肤浅未及实情的控告,你都不接受,那你可算是明察秋毫了;日积月累水滴石穿般的谗言,以及表面肤浅未及实情的控告,你都不接受,那你可算是具有远见卓识了。”

12.7 子贡问政。子曰:“足食,足兵,民信之矣[①]。”

子贡曰:“必不得已而去,于斯三者何先?”曰:“去兵。”

子贡曰:“必不得已而去,于斯二者何先?”曰:“去食。自古皆有死,民无信不立。”

【注释】

①信:信任,相信。“听其言而信其行。”(5.10)按,此处“信”不能释为“信仰”,因为《论语》时代以至以后很长一段时期“信”都没有“信仰”的意义。

【译文】

子贡请教执政之道。孔子说:“充足粮食,充足军备,百姓就信任政府了。”

子贡说:“如果迫不得已,一定要去掉一项,在这三者之中先放弃哪一项?”孔子说:“放弃军备。”

子贡说:“如果迫不得已,一定还要去掉一项,在剩下的两者之中先放弃哪一项?”孔子说:“放弃粮食。自古以来谁都免不了一死,如果人民不信任政府,国家不可能站得住。”

12.8 棘子成曰[①]:“君子质而已矣,何以文为?”子贡曰:“惜乎,夫子之说君子也!驷不及舌。文犹质也,质犹文也。虎豹之鞟犹犬羊之鞟[②]。”

【注释】

①棘子成:卫国大夫。古代大夫都可被尊称为“夫子”。

②鞟:音 kuò,去了毛的兽皮。

【译文】

棘子成说:“君子只要有好的本质就行了,要那些文采干什么?”子贡说:“可惜呀,先生竟这样谈论君子!一言既出,驷马难追。本质和文采,是同等重要的。假若把虎豹和犬羊两类兽皮拔去有文采的毛,那这两类皮革就很难区别了。”

12.9 哀公问于有若曰:“年饥,用不足,如之何?”

有若对曰:“盍彻乎?”

曰:“二,吾犹不足,如之何其彻也?”

对曰:“百姓足,君孰与不足?百姓不足,君孰与足?”

【译文】

鲁哀公向有若问道:“年成不好,国家用度不足,该怎么办?”

有若答道:“为什么不实行十分抽一的税率呢?”

哀公说:“十分抽二,我还不够,怎么能十分抽一呢?”

答道:“如果百姓的用度够,您怎么会不够?如果百姓的用度不够,您又怎么会够?”

12.10 子张问崇德辨惑。子曰:“主忠信,徙义[1],崇德也。爱之欲其生,恶之欲其死。既欲其生,又欲其死,是惑也。‘诚不以富,亦祇以异[2]。’”

【注释】

①徙义:徙于义,以义为归依。徙,迁往,归附。

②诚不以富,亦祇以异:见《诗经·小雅·我行其野》。祇,音 zhǐ,只,仅仅。郑玄说,孔子引此诗,只是要强调那个“异”字。

【译文】

子张问如何推崇道德,明辨惑乱。孔子说:“依靠忠诚信实,唯义是从,这就是推崇道德。喜爱他,就希望他活着;讨厌他,恨不得他死掉。既要他活,又要他死,这便是惑乱。正所谓‘不但捞不着,只让人奇怪’。”

12.11 齐景公问政于孔子。孔子对曰:“君君,臣臣,父父,子子。”公曰:“善哉!信如君不君,臣不臣,父不父,子不子,虽有粟,吾得而食诸?”

【译文】

齐景公向孔子问政治。孔子答道:“君要像个君,臣要像个臣,爹要像个爹,儿要像个儿。”景公说:“对呀!若真是君不像君,臣不像臣,爹不像爹,儿不像儿,虽然有很多粮食,我能吃得上吗?”

12.12 子曰:“片言可以折狱者[①],其由也与?”

【注释】

①片言:单辞。打官司一定有原告、被告两方面的人,叫作“两造”。孔子说子路片言可以折狱,不过表示他的为人诚实直率,别人不愿欺他罢了。

【译文】

孔子说:“根据一方面的言语就可以判决案件的,大概只有仲由吧!”

12.13 子路无宿诺。

【译文】

子路从不拖延诺言。

12.14 子曰:“听讼[①],吾犹人也,必也使无讼乎!”

【注释】

①听讼:孔子曾任治理刑事的大司寇一职。

【译文】

孔子说:“审理诉讼,我同别人差不多。一定要使诉讼的事件完全消灭才好。”

12.15 子张问政。子曰:“居之无倦,行之以忠。”

【译文】

子张问政治。孔子说:“在岗位上兢兢业业,执行政令一心一德。”

12.16 子曰："博学于文，约之以礼，亦可以弗畔矣夫[1]！"

【注释】

①参见6.27，内容一致。

12.17 子曰："君子成人之美，不成人之恶。小人反是。"

【译文】

孔子说："君子成全他人，而不促人作恶。小人却和这相反。"

12.18 季康子问政于孔子。孔子对曰："政者，正也。子帅以正，孰敢不正？"

【译文】

季康子向孔子问政治。孔子答道："'政'字的意思就是端正。您自己带头端正，谁敢不端正呢？"

12.19 季康子患盗，问于孔子。孔子对曰："苟子之不欲，虽赏之不窃。"

【译文】

季康子苦于盗贼太多，向孔子求教。孔子答道："假如您不贪求太多的财货，就是奖励偷抢，他们也不会干。"

12.20 季康子问政于孔子曰[1]："如杀无道，以就有道，何如？"孔子对曰："子为政，焉用杀？子欲善而民善矣。君子之德风，小人之德草。草上之风，必偃。"

【注释】

①季康子问政于孔子：季孙肥（康子）袭其父位于鲁哀公三年七月，以上三章季康子之问，当在此以后。

【译文】

季康子向孔子请教政治,说道:"假若杀掉坏人来亲近好人,怎么样?"孔子答道:"您治国理政,为什么要杀戮?您想把国事办好,百姓就会好起来。领导人的作风好比风,老百姓的作风好比草。风向哪边吹,草向哪边倒。"

12.21 子张问士何如斯可谓之达矣。子曰:"何哉,尔所谓达者?"子张对曰:"在邦必闻,在家必闻。"子曰:"是闻也,非达也。夫达也者,质直而好义,察言而观色,虑以下人。在邦必达,在家必达。夫闻也者,色取仁而行违,居之不疑。在邦必闻,在家必闻。"

【译文】

子张问读书人要怎样做才可以叫作通达。孔子说:"你所说的通达是什么意思?"子张答道:"在朝廷做官时一定有名望,在大夫家工作时一定有名望。"孔子说:"这是闻名,不是通达。怎样才是通达呢?品质正直,遇事讲理,善于分析别人的言语,观察别人的颜色,从思想上愿意对别人退让。这样,他在朝廷做官必定事事通达,在大夫家也一定事事通达。至于闻名,表面上似乎爱好仁德,实际行为却不如此,而自己竟以仁人自居而毫不怀疑。这种人,做朝廷的官时一定会博取名望,在大夫家工作时也一定会博取名望。"

12.22 樊迟从游于舞雩之下,曰:"敢问崇德,修慝[①],辨惑。"子曰:"善哉问!先事后得,非崇德与?攻其恶,无攻人之恶,非修慝与?一朝之忿,忘其身,以及其亲,非惑与?"

【注释】

①修慝:修,修理,整理,清理,清算,修饰,修好,修治;按,"修"含义颇宽泛,

既可修德、修好、修城、修垣(例多不举),又可"修怨"(《左传》隐公四年、《左传》哀公元年,清理清算旧怨之谓)。此处"修慝"的"修",是"修治"的意思,故译为"消除"。慝,音 tè,藏匿于心中的怨恨。

【译文】

樊迟陪同孔子在舞雩台下游玩,说:"请问怎样尊崇道德,怎样消除别人隐藏的怨恨,怎样辨别哪些是糊涂事?"孔子说:"问得好!先劳动,而后收获,不是尊崇道德吗?对于缺点错误,自我批评,而不批评别人,不就消除了隐藏的怨恨吗?因为偶然的愤怒,便失去理智,甚至连累双亲,不是糊涂吗?"

12.23 樊迟问仁。子曰:"爱人。"问知。子曰:"知人。"

樊迟未达。子曰:"举直错诸枉①,能使枉者直。"

樊迟退,见子夏曰:"乡也吾见于夫子而问知②,子曰,'举直错诸枉,能使枉者直',何谓也?"

子夏曰:"富哉言乎!舜有天下,选于众,举皋陶③,不仁者远矣。汤有天下④,选于众,举伊尹⑤,不仁者远矣。"

【注释】

①举直错诸枉:错,安放,安置;诸,"之于"的合音字;枉,不正。

②乡:同"向",刚才。

③皋陶:音 gāoyáo,舜的臣子。

④汤:商朝开国之君,名履,伐夏桀而得天下。

⑤伊尹:汤的辅相。

【译文】

樊迟问什么是仁。孔子说:"爱人。"又问什么是智,孔子说:"善于了解别人。"

樊迟还不理解。孔子说:"提拔正直的人,把他安置在不正直的人之上,能够使不正直的人正直。"

樊迟退了出来，找到子夏，说道："刚才我去见老师，请教什么是智，他说：'提拔正直的人，把他安置在不正直的人之上，能够使不正直的人正直。'这是什么意思？"

子夏答道："这话的意义多么丰富哇！舜有了天下，在众人之中挑选，提拔了皋陶，坏人就被疏远了。汤有了天下，在众人之中挑选，提拔了伊尹，坏人就被疏远了。"

12.24 子贡问友。子曰："忠告而善道之，不可则止，毋自辱焉。"

【译文】

子贡问如何对待朋友。孔子说："忠心地劝告他，好好地引导他，他不听从，也就罢了，不要自取其辱。"

12.25 曾子曰："君子以文会友，以友辅仁。"

【译文】

曾子说："君子用文章学问来聚会朋友，用朋友来帮助自己培养仁德。"

【评鉴】

信

"信"是"孔门四教"之一。汉代大儒董仲舒将"信"与仁、义、礼、智并举，被后世称为"五常"。但在《论语》中，"信"还不是一个抽象的概念。孔子教授的"信"，是教学生如何通过修养德行，锻炼与人相处的能力来获得他人的信任，比如端正仪容色貌，使人产生可信任感。"信"固然有言出必践、"守信"的意涵，比如在"忠信"连用的情况下。但更多是与朋友、民、政相关联，意思是讲诚信而被人信服。两者的使用，都是在与人交往的语境下，在孔子看来，"信"并不是一种对自己负责的内在的德目。对自己负责的道德律条有绝对性，比如“仁”,“造次必于是,颠沛必于是”(4.5)。与人交往的品质是外在的,视一定条件而定的,需要权变,不能死守。言出必践,恪守承诺固然可以如子路一样被人尊重(12.12、12.13),但如果不懂得割舍,为了追求外部的评价而绑架自身,就本末倒置了。因而孔子说“言必信,行必果”是小人所为(13.20)。被世人评价为正直守信的微生高,孔子就不承认他“直”(5.24)。孔子的评价是切中要害的。根据《庄子》的记载,微生高与女子相约桥下,女子没来,微生高苦等不肯离开,最后因为涨水被淹死。孔子的观点在今天看来也是有借鉴意义的,任何协议的达成,都应当预留出调整和更改的空间,这本身是对个人意愿的尊重。子夏说,君子在大是大非上不含糊,在小细节上不用斤斤计较(19.11),这是对孔子观点的通俗表达。

“信”在社会政治层面十分重要。孔子提倡上行下效的德性政治,在这个目标下,当政者是否为民众所信任就极为关键。本篇第七章,孔子说一个政权要能运转,需要有财赋、有军备,更重要的是有百姓的信任。国家如果遇到问题,比如饥荒,首先要裁撤军队,这样可以减少开支,使其回归生产。如果还不行,就要减免税赋,乃至开仓赈民。粮食发放完了,横竖不过饿死;如果有粮不放,还整饬军队防止叛乱,那么老百姓就会对统治者失去信任,国家就要乱,后果不堪设想。此章与第九章“年饥,用不足”时孔子主张削减税赋,正是异曲同工。有的学者批评孔子,说孔子为了强调他所谓的道德,宁可让老百姓饿死,这是伦理异化。他们不了解孔子的思想性格,孔子从不蹈虚,总是就实际可能发生的情况而言,对去食、去兵、去信的理解也不是建立在抽象假设的基础之上。他们也不了解《论语》的语例,论语中凡问“政”或问“为政”,孔子的回答如果没有明确指代,都是以当政者为说话对象。去兵、去食都是就执政者而言,二者的对象相同,不是说去除百姓的口粮。

子路篇第十三

13.1 子路问政。子曰："先之劳之。"请益。曰："无倦。"

【译文】

子路问执政之道。孔子说："先给百姓做榜样，然后役使他们。"子路请求多讲一点。孔子又说："兢兢业业地工作。"

13.2 仲弓为季氏宰，问政。子曰："先有司，赦小过，举贤才。"

曰："焉知贤才而举之？"子曰："举尔所知；尔所不知，人其舍诸？"

【译文】

仲弓当了季氏的管家，向孔子问政治。孔子说："给工作人员做榜样，原谅别人的小过失，推举贤能的人。"

仲弓说："怎样去识别贤能的人并提拔他们呢？"孔子说："推举你所知道的；你所不知道的，别人难道会舍弃他吗？"

13.3 子路曰："卫君待子而为政[①]，子将奚先？"

子曰："必也正名乎！"

子路曰："有是哉，子之迂也！奚其正？"

子曰："野哉，由也！君子于其所不知，盖阙如也。名不正，则言不顺；言不顺，则事不成；事不成，则礼乐不兴；礼乐不兴，则刑罚不中；刑罚不中，则民无所错手足[②]。故君子名之必可言也，言之必可行也。君子于其言，无所苟而已矣。"

【注释】

①卫君:卫出公,名辄。

②错:同"措"。放置。

【译文】

子路对孔子说:"卫君等着您去治国理政,您准备首先干什么?"

孔子说:"那一定要先正名吧!"

子路说:"您的迂腐竟到了如此地步吗!何必正什么名?"

孔子说:"你怎么这样粗野!君子对于他所不懂的,大概采取保留态度〔而不会像你这样乱说〕。用词不当,言语就不能顺理成章;言语不顺理成章,工作就不能搞好;工作搞不好,国家的礼乐制度也就举办不起来;礼乐制度举办不起来,刑罚也就不会得当;刑罚不得当,百姓就会〔无所适从,〕连手脚都不晓得摆在哪里好。所以君子给某一事物命名,一定有可以这样说的理由;而这样说了,也一定要能行得通。君子对于他的措辞,要做到一点也不马虎才算完事。"

13.4 樊迟请学稼。子曰:"吾不如老农。"请学为圃。曰:"吾不如老圃。"

樊迟出。子曰:"小人哉,樊须也[①]!上好礼,则民莫敢不敬;上好义,则民莫敢不服;上好信,则民莫敢不用情。夫如是,则四方之民襁负其子而至矣,焉用稼?"

【注释】

①樊须:字子迟。

【译文】

樊迟请求学种庄稼。孔子说:"我不如老农夫。"又请求学种蔬菜。孔子说:"我不如老菜农。"

樊迟出去了。孔子说:"樊须真是小人!居上者讲礼节,老百姓就没人敢不尊敬;居上者讲道理,老百姓就没人敢不服从;居上者讲信誉，老百姓就没人敢不说真话。能做到这样，四面八方的老百姓都会背负着小儿女来投靠，为什么要自己种地呢？”

13.5 子曰：“诵《诗》三百，授之以政，不达；使于四方，不能专对①；虽多，亦奚以为②？”

【注释】

①使于四方，不能专对：古代使节，只接受使命，至于交涉应对，全靠随机应变，这就是“专对”。又，当时的外交酬酢和谈判，多以背诵《诗经》来表达己意。

②亦奚以为：奚以，怎样，如何。为，做。详见北大出版社《论语新注新译》这一章的“考证”。

【译文】

孔子说：“熟读《诗经》三百篇，让他处理政务，却不能顺畅通达；出使外国，又不能独立应对；即便读得多，又如何去做呢？”

13.6 子曰：“其身正，不令而行；其身不正，虽令不从。”

【译文】

孔子说：“当权者自己行得正，不发命令，政令也能贯彻。自己行为不检点，即使三令五申，老百姓也不会听从。”

13.7 子曰：“鲁卫之政，兄弟也。”

【译文】

孔子说：“鲁国和卫国的政治，像兄弟一般〔相差无几〕。”

13.8 子谓卫公子荆：“善居室。始有，曰：‘苟合矣①。’少有，曰：‘苟完矣。’富有，曰：‘苟美矣。’”

【注释】

①苟合：差不多合适，基本上够了。俞樾《群经平议》说这一“苟”是“诚”的

意思,说与“苟有用我者”“苟正其身矣”的“苟”义同。俞说不确。当“苟”解作“诚”,也即我们通常所说的“真的”,作假设连词用时,它一定处于一个假设复句的首句。而本章“苟合矣”“苟完矣”“苟美矣”的三处“苟”都不符合条件,当然不能解为“诚”。俞樾又说“合”通“洽”,举《孟子》“此心之所以合于王者何也”为例。但此句意为“我这种心情和王道相合,是什么道理呢”,与“洽”无涉。详见北大出版社《论语新注新译》这一章的“考证”。

【译文】

孔子谈到卫国的公子荆,说:“他善于居家过日子。刚有一点,便说:‘差不多合适了。’增加了一点,又说道:‘差不多完备了。’多有一点,便说道:‘差不多美轮美奂了。’”

13.9 子适卫,冉有仆[①]。子曰:“庶矣哉!”

冉有曰:“既庶矣,又何加焉?”曰:“富之。”

曰:“既富矣,又何加焉?”曰:“教之。”

【注释】

①仆:动词,驾驭车马。

【译文】

孔子到卫国,冉有替他驾车子。孔子说:“人真多呀!”

冉有说:“人口已经众多了,又该干什么呢?”孔子说:“让他们富起来。”

冉有说:“已经富裕了,又该干什么呢?”孔子说:“教育他们。”

13.10 子曰:“苟有用我者,期月而已可也[①],三年有成。”

【注释】

①期月:一年;期,同“朞”,音 jī。

【译文】

孔子说:“如有用我主持国家政事的,一年也就差不多了,三年便会很有成绩。”

13.11 子曰:“‘善人为邦百年,亦可以胜残去杀矣。’诚哉是言也!”

【译文】

孔子说:“‘善人治理国家一百年,也可以克服残暴免除杀戮了。’这话说得真对呀!”

13.12 子曰:“如有王者,必世而后仁[①]。”

【注释】

①世:三十年为一世。

【译文】

孔子说:“假如有王者兴起,一定需要三十年才能使仁政大行。”

13.13 子曰:“苟正其身矣,于从政乎何有[①]? 不能正其身,如正人何?”

【注释】

①何有:有什么困难。

【译文】

孔子说:“假若端正了自己,治理国家还有什么困难呢? 连本身都不能端正,又怎能端正别人呢?”

13.14 冉子退朝。子曰:“何晏也?”对曰:“有政。”子曰:“其事也,如有政,虽不吾以,吾其与闻之[①]。”

【注释】

①与:音 yù,参与。据《左传》,季氏曾用田赋的事征求孔子意见,可见孔子

的“如有政,吾其与闻之”是有根据的。但冉有不明白“政”和“事”的区别,孔子又讲求“正名”,故有此章。

【译文】

冉有下班回来。孔子说:“今天为什么回得晚了呢?”答道:“有政务。”孔子说:“那只是事务罢了。如果有政务,虽然不用我了,我也会知道的。”

13.15 定公问一言而可以兴邦,有诸。

孔子对曰:“言不可以若是其几也[①]。人之言曰:‘为君难,为臣不易。’如知为君之难也,不几乎一言而兴邦乎?”

曰:“一言而丧邦,有诸?”

孔子对曰:“言不可以若是其几也。人之言曰:‘予无乐乎为君,唯其言而莫予违也。’如其善而莫之违也,不亦善乎?如不善而莫之违也,不几乎一言而丧邦乎?”

【注释】

①言不可以若是其几也:有些《论语》注本作“言不可以若是,其几也”,我们不取。“若是其”为当时习语,其后通常接形容词,表示“如此……”“像这样地……”,如《孟子·梁惠王下》:“若是其大乎?”《晏子春秋·内篇杂下》:“晏子之家,若是其贫也。”《荀子·王霸》:“若是其固也。”几,音 jī,近;这里可译为机械、拘泥。详见北大出版社《论语新注新译》这一章的“考证”。

【译文】

鲁定公问一句话兴盛国家,有这事吗。

孔子答道:“说话不可以像这样地不留余地。不过,有道是:‘做君主很难,做臣子也不易。’如果知道做君主的艰难,不近于一句话便兴盛国家吗?”

定公又说:“一句话丧失国家,有这事吗?”

孔子答道:“说话不可以像这样地不留余地。不过,有道是:‘我做君主没有别的快乐，只是我说任何话都没人敢违抗。'如果说的话正确而没人敢违抗，不也好么？如果说的话不正确也没人敢违抗，这不就接近一句话便丧失国家了吗？"

13.16 叶公问政。子曰："近者说，远者来[①]。"

【注释】

①近者说，远者来：这两句话有的注家译为"境内的人使他高兴，境外的人使他来投奔""境内的人使他们欢悦，远方的人使他们来归"。我们不取。因为，按《论语》的句法，如要这样翻译，应作"近者说之，远者来之"。我们认同皇侃《论语义疏》所说："言为政之道，若能使近民欢悦，则远人来至矣。"详见北大出版社《论语新注新译》这一章的"考证"。

【译文】

叶公问政治。孔子说："只有境内的人欢悦，境外的人才会来归。"

13.17 子夏为莒父宰[①]，问政。子曰："无欲速，无见小利。欲速，则不达；见小利，则大事不成。"

【注释】

①莒父：鲁国之一邑；莒，音 jǔ。

【译文】

子夏做了莒父的行政首长，问政治。孔子说："不要图快，不要顾小利。图快，反而达不到目的；顾小利，大事就办不成功。"

13.18 叶公语孔子曰："吾党有直躬者，其父攘羊[①]，而子证之[②]。"孔子曰："吾党之直者异于是：父为子隐，子为父隐，直在其中矣[③]。"

【注释】

①攘:《淮南子》高诱注:“凡六畜自来而取者,曰‘攘’也。”

②证:告发,检举。

③直在其中:孔子伦理哲学的基础就在于“孝”和“慈”,因之说父子相隐,直在其中。除极个别国家外,现代各国刑法都有“亲属容隐制”,“父为子隐,子为父隐”,隐者无罪。“亲属容隐制”在我国废除六十多年后,最近得以恢复,是法制史上一大进步。

【译文】

叶公告诉孔子说:“我那里有个正直坦率的人,他父亲顺手牵羊,他便告发。”孔子说:“我们那里正直坦率的人和你们的不同:父亲为儿子隐瞒,儿子为父亲隐瞒。正直就在这里面。”

13.19 樊迟问仁。子曰:“居处恭,执事敬,与人忠。虽之夷狄[①],不可弃也。”

【注释】

①之:到,往。

【译文】

樊迟问仁。孔子说:“平日容貌态度端正庄严,工作严肃认真,为别人忠心诚意。这几种品德,即便到了夷狄那里,也是不能废弃的。”

13.20 子贡问曰:“何如斯可谓之士矣?”子曰:“行己有耻,使于四方,不辱君命,可谓士矣。”

曰:“敢问其次。”曰:“宗族称孝焉,乡党称弟焉。”

曰:“敢问其次。”曰:“言必信,行必果,硁硁然小人哉[①]!——抑亦可以为次矣。”

曰:“今之从政者何如?”子曰:“噫!斗筲之人[②],何足算也?”

【注释】

①硁硁然：浅薄固执的样子。硁，音 kēng。

②斗筲之人：指气度狭小的人。筲，音 shāo，饭筐。

【译文】

子贡问道："怎样才可以叫作'士'？"孔子说："自己行为保持羞耻之心，出使各国，不负君主的使命，这就可以叫作'士'了。"

子贡说："请问次一等的。"孔子说："宗族称赞他孝顺父母，乡里称赞他恭敬兄长。"

子贡又说："请问再次一等的。"孔子说："言语一定信实，行为一定坚决，这是不问黑白而只管自己贯彻言行的小人哪！但也可以说是再次一等的'士'了。"

子贡说："现在的执政诸公怎么样？"孔子说："唉！这班小肚鸡肠的人，哪值得拿来排等次？"

13.21 子曰："不得中行而与之，必也狂狷乎[1]！狂者进取，狷者有所不为也。"

【注释】

①狷：音 juàn，洁身自好。

【译文】

孔子说："不能得到言行方正的人和他相交，又硬要交友的话，那总要交到狂放和狷介的人吧，狂放者敢于进取，狷介者还不至于做坏事。"

13.22 子曰："南人有言曰：'人而无恒，不可以作巫医[1]。'善夫！"

"不恒其德，或承之羞。"子曰："不占而已矣。"

【注释】

①巫医:巫者和医师。古代汉语某一结构是词还是词组,要看它出现频率是高是低,形式是否固定。如果是词,出现频率相对较高,形式相对固定;词组则反之。《论语》《左传》时代,“医”“巫”都出现多次,“巫医”却只出现在《论语》1次。即使迟至汉代史书,形式也未固定——有时“巫医”连言,有时又“医巫”连言。可见本章“巫医”是词组,即巫者和医师。详见北大出版社《论语新注新译》这一章的“考证”(一)。

【译文】

孔子说:“南方人有句话说:‘作为一个人,却没有恒心,连巫者和医生都做不了。’这话说得好哇!”

《易经·恒卦》的爻辞说:“三心二意,翻云覆雨,总有人招致羞耻。”孔子又说:“这话的意思是叫无恒心的人不必去占卦罢了。”

13.23 子曰:“君子和而不同,小人同而不和①。”

【注释】

①和,同:春秋时代的两个常用术语。和,指多种事物的和谐相处,即所谓相反相成。“和”表现在君臣关系上,就是臣子赞成君主的正确意见,而不赞成他的错误意见。同,则与之相反,只是一味地盲从,以求明哲保身。

【译文】

孔子说:“君子追求在正确前提下的和谐,却不肯盲从;小人只会盲从,却不肯坚持正确立场。”

13.24 子贡问曰:“乡人皆好之,何如?”子曰:“未可也。”

“乡人皆恶之,何如?”子曰:“未可也;不如乡人之善者好之,其不善者恶之。”

【译文】

子贡问道:“一乡的人都喜欢他,这个人怎么样?”孔子说:“还不行。”

子贡又说：“一乡的人都厌恶他，这个人怎么样？”孔子说：“还不行。最好一乡的好人都喜欢他，一乡的坏人都厌恶他。”

13.25 子曰：“君子易事而难说也[①]。说之不以道，不说也；及其使人也，器之。小人难事而易说也。说之虽不以道，说也；及其使人也，求备焉。”

【注释】

①易事而难说：易事，容易共事；说，音 yuè，“悦”的古字。

【译文】

孔子说：“在君子手下工作容易，却难取悦于他。不用正当的方法取悦他，他是不会高兴的；等到他用人的时候，却能使人各得其所。在小人手下工作很难，取悦他却容易。用不正当的方法取悦他，他会高兴的；等到他用人的时候，却求全责备。”

13.26 子曰：“君子泰而不骄，小人骄而不泰[①]。”

【注释】

①泰、骄：“泰”和“骄”是同义词，且都是贬义。其共同特点是看上去自高自大，严厉不好接近。“泰”是矜持自负之意。“骄”则不但自大，还盛气凌人，且显摆自己。此章实辨明君子的缺点和小人的做派是有本质区别的。详见北大出版社《论语新注新译》这一章的“考证”。

【译文】

孔子说：“君子自负，但不盛气凌人；小人盛气凌人，心中却未必自负。”

13.27 子曰：“刚、毅、木、讷近仁。”

【译文】

孔子说："刚强、果断、质朴、说话谨慎，有这四种品德的人近于仁德。"

13.28 子路问曰："何如斯可谓之士矣？"子曰："切切偲偲[1]，怡怡如也[2]，可谓士矣。朋友切切偲偲，兄弟怡怡。"

【注释】

①切切偲偲：互相批评，共同促进；偲，音 sī。

②怡怡：和顺貌。

【译文】

子路问道："怎么样才可以叫作'士'了呢？"孔子说："互相批评，和睦相处，就可以叫作'士'了。朋友之间，互相批评；兄弟之间，和睦相处。"

13.29 子曰："善人教民七年[1]，亦可以即戎矣[2]。"

【注释】

①七年：约数，好几年。

②即戎：即，就，往；戎，兵戎。

【译文】

孔子说："善人教导人民七八年，也能够叫他们作战了。"

13.30 子曰："以不教民战[1]，是谓弃之。"

【注释】

①不教民：即"不教之民"。

【译文】

孔子说："用未经训练的人民去作战，这等于糟蹋生命。"

【评鉴】

正名

和秩序井然的西周相比，孔子处在“礼崩乐坏”的时代，社会失去了固有的秩序。以“季氏旅于泰山”(3.6)为例，泰山是天下第一大山，是天子祭祀天地的地方，泰山虽然在鲁境，但也是因为鲁国是周公之后，所以才有资格祭祀。在孔子看来，季氏只是鲁国的大夫，没有权利在泰山行祭。如果季氏都能在泰山行祭，那么天子封禅还有什么威严可言呢，百姓如何还会敬畏呢。一定的权利需要匹配一定的名分，这样大家才会清楚明白，官员才会配合，百姓才会服从。名分是对实务的规定，一旦乱了，实务也会受到影响。“正名”就是使实际事务按名分之当然来实行，之后才可能协调各方；礼乐刑罚各得其正名之后，老百姓才知道要如何行事。孔子主张“君君、臣臣、父父、子子”也是这个道理，如果君、父不按自己的身份(名分)来做事，那么臣子就不会把他们当作是君主、父亲，社会就会陷入无序，结果就是“虽有粟”不得而食(12.11)。归结到君子的言行上来，就是说话一定与实际行动相匹配。孔子以“文、行、忠、信”教授弟子，“文”与“行”相合，然后忠、信才成为可能，“言”属于“文”，如果不能与“行”相匹配，忠、信就无从谈起。

直

《论语》中的“直”，在“正直”的义项下包括两层意涵，一是直率，二是正直。有的学者认为需要在具体的语境中区分这两层意涵，因为二者有较大差别，前者是性情的流露，没有明确的道德内涵；后者有理性色彩，是道德评判。由于在同一义项下，前后文条件(即语境)是相同的，且这是以现代人的观念强生区别，故既不可操作，也不可取。“直”兼有这两层意涵，是一种从本性出发，同时又符合道德的品质。儒家特别强调性情的陶冶，道德不是强制人性，而是顺乎人性。“仁”的根本是“爱人”(12.23)，首先是爱父母亲人，源于一种发自内心的道德情感。在儒家思想的语境中，良善的情感本就是道德的源头，情感流露和为人正直不是两回事。所以孔子一方面批评那种以狂妄、好逞口舌之快为“直”的论调（在道德上不善）；另一方面又批评那种以拐弯抹角的方式做好事的行为（不是真性情）。

本篇第十八章是孔子关于“直”的案例探讨。叶公认为儿子举报父亲是“直”，但孔子却认为父子相互隐瞒罪过才是“直”的表现。叶公的“直”也是兼有两层意涵的。从直率的层面考虑，儿子知道顺手牵羊是不对的，这是本能判断，因为做了坏事就应该接受惩罚，顺理成章。从正直的角度看，坚持正确的事情，捍卫国法，不徇私舞弊，似乎也合乎道德。但我们更深入地分析会发现，对错的观念以及法律意识都是后天教给的，人最本真的情感应该是爱自己的亲人，一个正直的人也应该孝敬父母。孔子的考虑正是从最本真的道德情感出发。亲子之情是一切善行的发端，如果一种道德伦理是以牺牲人与人之间最真挚的情感与最亲密的关系为基础的话，这种伦理本身就是病态的。儒家的仁爱不同于墨家的“兼爱”，仁爱是一种差等之爱，爱父母与爱邻居不同，但是可以将对父母的爱扩展开来，进而爱他人，安定他人，爱天下人，安定天下人（14.42）。差等之爱正是建立在人自然的情感基础之上。差等不是以生存空间上的距离测算的，而是生活实践中的情感距离。孔子说“以直报怨，以德报德”（14.34），用道德的方式对待和以私怨的方式对待，在情感上有差等。孔子不主张一视同仁，而是要用“直”的方式对待私怨，比如述诸法律。这里的“直”可以翻译为正直，并不是像某些“公知”说的那样“用大板砖拍他”。

“直”德，或者说“亲亲相隐”的观念被孟子继承和发扬。学生问孟子，如果舜的父亲瞽叟杀了人，皋陶要去抓他，舜该怎么办。圣人当然不能干预司法，也不能置父亲于不顾，这是一个道德的两难。孟子的回答是，舜会“窃负而逃”，偷偷地背着父亲逃跑，过流亡的生活。

因为“不在其位，不谋其政”，舜视得天下若敝履，自然也就摆脱了必须裁制瞽叟的困局，换来浪迹天涯，共享天伦之乐的机会。在孟子这里，罪过从攘羊上升到了杀人，尽孝也从隐瞒升级为“窃负而逃”。孟子在一种更为极端的情况下，肯定了亲情的优先性，这是对孔子“直”德的发展。在汉代，亲属间的容隐被写入法律；唐代容隐制更是从血亲扩展到了“同居”关系，并且从权利上升到了义务，这是孔子的“直”德在制度层面的落实。

从今天的视角来审视，孔子的“直”德也是有积极意义的。选择告发还是容隐实际上是选择人的自然天性还是政治身份的问题。有的学者说“亲亲相隐”“窃负而逃”是把小家放到大家之上，是自私自利，是腐败。这实则是一种狭隘而平面的观点。这种观点的预设是社会比血亲更能保护每一个个体，但历史的教训恰恰是相反的。在个体（家庭）与社会一分子的身份对立上，孔子选择了个体（家庭）。因为个体、家庭在实际的关系上从来就比社会、政府更亲近人性。人的政治身份会随着时代的变迁，政权的更迭而改变，但血缘亲情的纽带却是不变的。尤其在政治黑暗的时代，对血缘亲情的肯定更能保护个体免遭骨肉相残的灾难。有的学者说孔子的“直”德是中国特色，事实也并非如此。西方法律传统中就有容隐制，现代司法举证，亲属也有权回避。在与孔子相当的时代，柏拉图的《游叙弗伦篇》就记载了古希腊的传统，儿子告发父亲是不虔敬的。古希腊也有其传统，在欧里庇得斯的戏剧《阿尔克提斯》里描绘了另一种道德的两难。国王阿尔克提斯将被神祇夺取性命，但如果有他人愿意替他去死就可以换他一命。阿尔克提斯向他的父母提出这一要求被拒绝，他因而十分愤怒。他的愤怒被观众所理解，是因为在城邦民主制发达的古希腊，公民的身份压过了个体的家庭角色。老人因为难以创造价值，被社会观念认为是无用的，他们一贯被轻视，代替年轻人去死理所当然。国王的父亲拒绝这一要求的理由也只是，作为自由人的他有权利选择不同意,他没有任何义务替儿子去死。老人地位低下是生产力不发达时代的常态。我们应当庆幸的是,在物质文明同样不发达的春秋时期,因为儒家学说的存在,我们的祖先接受到的不是那种不人性的观念。血缘亲情、家庭纽带除了为个人提供生活成长的空间外,也是保证社会有序与和谐的重要基石。亲情得不到保护,家庭被践踏,人的尊严也就不复存在,社会也就会变得冷漠可怕。

宪问篇第十四

14.1 宪问耻。子曰："邦有道，谷；邦无道，谷，耻也。"①

"克、伐、怨、欲不行焉，可以为仁矣？"子曰："可以为难矣，仁则吾不知也。"

【注释】

①这一段应与8.13对照看。

【译文】

原宪问何为耻辱。孔子说："国家政治清明，就从政领薪；国家政治黑暗，还从政领薪，这就是耻辱。"

原宪又说："好胜、自夸、怨恨和贪心都不曾表现过，这可以算具有仁德了吗？"孔子说："可以算是难能可贵了，有没有仁德，我可不知道。"

14.2 子曰："士而怀居①，不足以为士矣。"

【注释】

①士而怀居：士，不能简单等同于"读书人"。春秋时代的"士"，是能文能武的。俄国废除农奴制较晚，是故托尔斯泰《战争与和平》中的士人如安德烈等人，都是文武双全的。所以，"士"不作今译。怀，留恋；居，安居。

【译文】

孔子说："作为一个士人，却留恋安居，便不配做士人了。"

14.3 子曰："邦有道，危言危行①；邦无道，危行言孙②。"

【注释】

①危：危险，不安。详见北大出版社《论语新注新译》这一章的"考证"。

②孙:同“逊”。

【译文】

孔子说:“政治清明,言语行为都敢冒险犯难;政治黑暗,行为敢于冒险,言语却谦逊谨慎。”

14.4 子曰:“有德者必有言,有言者不必有德。仁者必有勇,勇者不必有仁。”

【译文】

孔子说:“有德者定有至理名言,但有名言者却不一定有德。仁人定有大勇,但有大勇者却不一定仁。”

14.5 南宫适问于孔子曰[①]:“羿善射[②],奡荡舟[③],俱不得其死然。禹、稷躬稼而有天下。”夫子不答。

南宫适出,子曰:“君子哉若人!尚德哉若人!”

【注释】

①南宫适:孔子学生南容。适,音 kuò。

②羿:音 yì,夏代有穷国君主,射箭能手。

③奡:音 ào,夏代寒浞的儿子,字又作“浇”。

【译文】

南宫适问孔子:“羿擅长射箭,奡擅长水战,都没有得到好死。禹和稷自己下地种田,却得到了天下。〔怎样理解这些历史?〕”孔子没有答复。

南宫适退出去后,孔子说:“这个人,好一个君子!这个人,多么崇尚道德!”

14.6 子曰:“君子而不仁者有矣夫,未有小人而仁者也。”

【译文】

孔子说:“作为一个君子却不仁的,是有的吧?从来没有是个小人却有仁德的。”

14.7 子曰:“爱之,能勿劳乎?忠焉[①],能勿诲乎?”

【注释】

①忠焉:孔子时代,“忠”可以指对朋友,甚至对晚辈的负责。

【译文】

孔子说:“爱他,能不磨砺他吗?为他着想,能不教诲他吗?”

14.8 子曰:“为命[①],裨谌草创之[②],世叔讨论之[③],行人子羽修饰之[④],东里子产润色之[⑤]。”

【注释】

①为命:据《左传》,这里的“命”为外交辞令。

②裨谌:音 píchén,郑国大夫。

③世叔讨论之:世叔,即《左传》的子太叔(古“太”与“世”通),名游吉;讨论,一个人研究而后提意见。

④行人子羽:行人,外交官;子羽,公孙挥的字。

⑤东里:地名,在今河南郑州,子产所居。

【译文】

孔子说:“郑国外交辞令的撰写过程,由裨谌打草稿,世叔提意见,外交官子羽修改,东里的子产做文辞上的加工。”

14.9 或问子产。子曰:“惠人也。”

问子西[①]。曰:“彼哉!彼哉[②]!”

问管仲。曰:“人也。夺伯氏骈邑三百[③],饭疏食,没齿无怨言[④]。”

【注释】

①子西：子产的兄弟公孙夏。

②彼哉：当时表示轻蔑的惯用语；彼，指示代词，那，那人。

③伯氏骈邑：伯氏，齐国大夫；骈邑，地名，在山东临朐的柳山寨。

④齿：人的寿命。

【译文】

有人向孔子问子产是怎样的人物。孔子说："他是宽厚慈惠的人。"

又问到子西。孔子说："那个人哪！那个人哪！"

又问到管仲。孔子说："是个人物。剥夺了伯氏骈邑三百户的封地，使他只能吃粗粮，却到死也没有怨言。"

14.10 子曰："贫而无怨难，富而无骄易。"

【译文】

孔子说："贫穷却没有怨恨，很难；富贵却不骄傲，倒容易做到。"

14.11 子曰："孟公绰为赵魏老则优[①]，不可以为滕薛大夫[②]。"

【注释】

①孟公绰为赵魏老则优：孟公绰，鲁国大夫；老，大夫的家臣；优，优裕，优游。

②滕、薛：鲁国附近的小国。

【译文】

孔子说："孟公绰，让他做晋国卿大夫赵氏、魏氏的家臣，是能胜任愉快的，但没有能力做滕、薛这类小国的大夫。"

14.12 子路问成人。子曰："若臧武仲之知[①]，公绰之不欲，卞庄子之勇[②]，冉求之艺，文之以礼乐，亦可以为成人矣。"曰：

“今之成人者何必然？见利思义，见危授命，久要不忘平生之言[3]，亦可以为成人矣。”

【注释】

①臧武仲：鲁国大夫臧孙纥。他很聪明，能预见齐庄公被杀而设法辞去庄公给他的田。

②卞庄子：鲁国的勇士。

③要：通“约”，穷困。

【译文】

子路问如何做个完美的人。孔子说：“像臧武仲那样睿智，像孟公绰那样淡泊，像卞庄子那样勇敢，像冉求那样多才，再用礼乐来提高修养，也可以说是完美的人了。”又说：“现如今完美的人何必如此？见到利益能够想起道义，遇到危险敢于付出生命，长期艰难困顿也不忘记平日许下的诺言，也可以算是完美的人了。”

14.13 子问公叔文子于公明贾曰[1]：“信乎，夫子不言，不笑，不取乎？”

公明贾对曰：“以告者过也[2]。夫子时然后言，人不厌其言；乐然后笑，人不厌其笑；义然后取，人不厌其取。”子曰：“其然？岂其然乎？”

【注释】

①子问公叔文子于公明贾：公叔文子，卫国大夫；公明贾，卫人；贾，音 jiǎ。

②以告者过也：这是由于传话者的错误所致。有些注本说这一“以”读作“此”，不确。这是一个判断句（上古判断句如：陈胜，阳城人也。现代汉语判断句如：陈胜是阳城人），只是判断句的主语没有说出来罢了。详见北大出版社《论语新注新译》这一章的“考证”。

【译文】

孔子问公明贾公叔文子如何，说：“他老人家不说话，不笑，不拿，是真的吗?”

公明贾答道:“是由于传话的人说错了。他老人家该说的时候才说,别人便不讨厌他的话;快乐了才笑,别人便不讨厌他的笑;该拿才拿,别人便不讨厌他的拿。”孔子说:“是这样吗? 难道真是这样吗?”

14.14 子曰:“臧武仲以防求为后于鲁[①],虽曰不要君[②],吾不信也。”

【注释】

①臧武仲以防求为后于鲁:此事见《左传》襄公二十三年;防,臧武仲的封地,离齐国很近。

②要:音 yāo,要挟。

【译文】

孔子说:“臧武仲〔逃到齐国之前,〕凭借着他的封地防城请求立其子弟继他为鲁国卿大夫,即便有人说他这不是要挟,但我是不信的。”

14.15 子曰:“晋文公谲而不正,齐桓公正而不谲[①]。”

【注释】

①晋文公谲而不正,齐桓公正而不谲:晋文公,名重耳;齐桓公,名小白。他俩是春秋五霸中最有名声的两个霸主。谲,音 jué,欺诈,玩弄权术阴谋。

【译文】

孔子说:“晋文公好玩手段且不正派,齐桓公正派而不好玩手段。”

14.16 子路曰:“桓公杀公子纠,召忽死之,管仲不死[①]。”曰:“未仁乎?”子曰:“桓公九合诸侯[②],不以兵车,管仲之力也。如其仁[③]! 如其仁!”

【注释】

①管仲不死：小白和公子纠都是齐襄公的弟弟。襄公无道，小白便由鲍叔牙侍奉逃到莒(jǔ)国，公子纠也由管仲和召忽侍奉逃往鲁国。后襄公被杀，小白先入齐国为君，是为桓公。兴兵伐鲁，逼鲁杀公子纠，召忽自杀以殉，管仲却做了桓公的宰相。

②九合：齐桓公纠合诸侯共十一次，"九"是虚数。

③如其仁：合于"仁"，符合"仁"。详见北大出版社《论语新注新译》这一章的"考证"。

【译文】

子路说："齐桓公杀了公子纠，〔公子纠的师傅〕召忽因此自杀，〔但是他的另一师傅〕管仲却活着。"接着又说："管仲怕是不仁吧？"孔子说："齐桓公多次主持诸侯间的盟会，消弭了战祸，这都是管仲的力量。〔他这样做，〕符合仁德呀，符合仁德！"

14.17 子贡曰："管仲非仁者与？桓公杀公子纠，不能死，又相之。"子曰："管仲相桓公，霸诸侯，一匡天下，民到于今受其赐。微管仲[1]，吾其被发左衽矣[2]。岂若匹夫匹妇之为谅也[3]，自经于沟渎而莫之知也[4]？"

【注释】

①微：非，没有。

②吾其被发左衽矣：被，同"披"；左衽，当时夷狄衣襟朝左边开。

③谅：小信，无原则地守信。

④自经于沟渎：自经，自尽；渎，音dú，沟。

【译文】

子贡说："管仲该不是仁人吧，桓公杀了公子纠，他不但不能以身殉难，还去辅助他。"孔子说："管仲辅助桓公，称霸诸侯，使普天之下都得以匡正，人民到如今还受到他的恩赐。如果没有管仲，我们都会披散着头发,衣襟向左边开着〔,沦落为夷狄了〕。他难道要像普通男女的守信那样,在水沟里自杀,还没人知道吗?”

14.18 公叔文子之臣大夫僎与文子同升诸公[①]。子闻之,曰:“可以为‘文’矣。”

【注释】

①诸:用法约同“于”。

【译文】

公叔文子的家臣大夫僎,和文子一道升为国家的大臣。孔子听说了这事,便说:“〔公叔文子〕足以谥为‘文’了。”

14.19 子言卫灵公之无道也,康子曰:“夫如是,奚而不丧[①]?”孔子曰:“仲叔圉治宾客[②],祝鮀治宗庙,王孙贾治军旅。夫如是,奚其丧?”

【注释】

①奚:为什么。俞樾说“奚而”即“奚为”,不确。详见北大出版社《论语新注新译》这一章的“考证”。

②仲叔圉:即孔文子,卫国大夫。圉,音 yǔ。

【译文】

孔子说到卫灵公的荒淫无道,康子说:“既然如此,为什么却不败亡?”孔子说:“他有仲叔圉接待宾客,祝鮀管理祭祀,王孙贾统率军队,既如此,为什么会败亡?”

14.20 子曰:“其言之不怍[①],则为之也难。”

【注释】

①怍:音 zuò,惭愧。

【译文】

孔子说:“如果那人大言不惭,实行起来就难了。”

14.21 陈成子弑简公[①]。孔子沐浴而朝[②],告于哀公曰:“陈恒弑其君,请讨之。”公曰:“告夫三子!”

孔子曰[③]:“以吾从大夫之后,不敢不告也。君曰‘告夫三子’者!”

之三子告,不可。孔子曰:“以吾从大夫之后,不敢不告也。”

【注释】

①陈成子弑简公:陈成子,就是陈恒;简公,齐简公,名壬。

②沐浴而朝:这时孔子已告老还家,特为这事来朝见鲁君。

③孔子曰:这是孔子退朝后的话。

【译文】

陈恒杀了齐简公。孔子斋戒沐浴后朝见鲁哀公,报告说:“陈恒杀了他的君主,请您出兵讨伐他。”哀公说:“报告那三位先生吧!”

孔子〔退出以后,〕说:“因为我曾忝列大夫,不敢不来报告,君主竟然说‘报告那三位先生吧’!”

又到三位大臣那儿报告,不同意出兵。孔子说:“因为我曾忝列大夫,不敢不报告。”

14.22 子路问事君。子曰:“勿欺也,而犯之。”

【译文】

子路问怎样服事人君。孔子说:“不要欺骗他,却可以顶撞他。”

14.23 子曰:“君子上达,小人下达[①]。”

【注释】

①上达、下达:古今众说纷纭,今暂从《淮南子·主术训》之说:“士处卑隐,欲上达,必先反诸己。上达有道,名誉不起,而不能上达矣;取誉有道,不信于友,不能得誉;信于友有道,事亲不说,不信于友;说亲有道,修身不诚,不能事亲矣;诚身有道,心不专一,不能专诚。”

【译文】

孔子说:“君子不断充实完善自己,小人则堕落沉沦。”

14.24 子曰:“古之学者为己,今之学者为人。”

【译文】

孔子说:“古代学者是为了提高自己的道德文章做学问,现代学者做学问却是为了装门面给人家看。”

14.25 蘧伯玉使人于孔子①。孔子与之坐而问焉②,曰:“夫子何为?”对曰:“夫子欲寡其过而未能也③。”

使者出。子曰:“使乎!使乎!”

【注释】

①蘧伯玉:卫国大夫,名瑗。孔子曾住他家。

②孔子与之坐:孔子和他一道坐下。与,介词,不是动词。如果是动词,就是“孔子给他座位”。因为从先秦“与……坐”的文例看,“坐”是谓语动词,不是意为“座位”的名词。详见北大出版社《论语新注新译》这一章的“考证”。

③夫子欲寡其过而未能也:《淮南子·原道》:“蘧伯玉年五十而知四十九年非。”

【译文】

蘧伯玉派一位使者访问孔子。孔子和他一道坐下,而后问道:“他老人家干些什么?”使者答道:“他老人家想减少过错却还没能做到。”

使者出去后，孔子说："好一位使者！好一位使者！"

14.26 子曰："不在其位，不谋其政[①]。"

曾子曰："君子思不出其位。"

【注释】

①这段话又见《泰伯篇》。

【译文】

孔子说："不处在那个职位，就不操心它的政务。"

曾子说："君子所考虑的不超出自己的职位。"

14.27 子曰："君子耻其言而过其行。"

【译文】

孔子说："君子以为可耻的是，说的超过做的。"

14.28 子曰："君子道者三，我无能焉：仁者不忧，知者不惑，勇者不惧。"子贡曰："夫子自道也。"

【译文】

孔子说："君子之道有三，我都没能做到：仁者常乐天，智者不疑惑，勇者大无畏。"子贡说："这正是他老人家的自我刻画。"

14.29 子贡方人[①]。子曰："赐也贤乎哉？夫我则不暇。"

【注释】

①方：谤，诽谤。

【译文】

子贡讥评别人。孔子对他道："你就很好吗？我却没这闲工夫。"

14.30 子曰："不患人之不己知，患其不能也。"

【译文】

孔子说："我不愁别人不了解我，我愁的是自己没能力。"

14.31 子曰："不逆诈，不亿不信，抑亦先觉者，是贤乎！"

【译文】

孔子说："不先入为主怀疑别人是在欺诈，也不臆测别人不信实，〔而一旦欺诈和不信实的事发生，〕却能及早发觉，这样的人该是贤者吧！"

14.32 微生亩谓孔子曰："丘何为是栖栖者与[1]？无乃为佞乎？"孔子曰："非敢为佞也，疾固也。"

【注释】

①是：如此，这样。

【译文】

微生亩对孔子说："你为什么要这样忙忙碌碌呢？难道要逞口舌之快吗？"孔子说："不敢逞口舌，只是讨厌那些顽固不化的人。"

14.33 子曰："骥不称其力，称其德也。"

【译文】

孔子说："称千里马为'骥'，不是称赞它的力气，而是称赞它的品质。"

14.34 或曰："以德报怨[1]，何如？"子曰："何以报德？以直报怨，以德报德。"

【注释】

①以德报怨：当时的成语。

【译文】

有人对孔子说："拿恩德来回报怨恨，怎么样？"孔子说："那拿什么回报恩德呢？该拿正直回报怨恨，拿恩德回报恩德。"

14.35 子曰："莫我知也夫！"子贡曰："何为其莫知子也？"子曰："不怨天，不尤人，下学而上达，知我者其天乎！"

【译文】

孔子叹道："怕是没有人了解我了吧！"子贡说："为什么没有人了解您呢？"孔子说："不怨恨天，不责备人，学习些日常的技能，却充实完善自己到很高的境界。了解我的，大概只有老天吧！"

14.36 公伯寮愬子路于季孙①。子服景伯以告②，曰："夫子固有惑志；于公伯寮，吾力犹能肆诸市朝③。"

子曰："道之将行也与，命也；道之将废也与，命也。公伯寮其如命何？"

【注释】

①公伯寮愬子路：公伯寮，《史记》作"公伯僚"，字子周；愬，同"诉"。

②子服景伯：鲁大夫，名何。

③夫子固有惑志……肆诸市朝：他老人家固然有糊涂想法，但对于公伯寮，我的力量还能把他的尸首在街头示众。惑志，糊涂的想法。肆，陈尸示众；诸，之于；市朝，集市和朝廷。现在有好些《论语》注本，这段话是下面这样标点的："夫子固有惑志于公伯寮，吾力犹能肆诸市朝。"在北大出版社《论语新注新译》这一章的"考证"中，我们从好些方面证明当断为"夫子固有惑志；于公伯寮，吾力犹能肆诸市朝"，证据确凿，绝无可疑。论证过程较为复杂，此不赘引。详见《论语新注新译》这一章的"考证"。

【译文】

公伯寮在季孙那里污蔑子路。子服景伯告诉孔子，并且说："他老人家固然有些糊涂想法;但对于公伯寮,我的力量还足以将他的尸首示众街头。”

孔子说:“我的主张将实现吗,全听凭命运哪!我的主张将永不实现吗,也听凭命运哪!公伯寮能奈何我的命运吗?”

14.37 子曰:“贤者辟世[①],其次辟地,其次辟色,其次辟言。”

子曰:“作者七人矣。”

【注释】

①辟:“避”的古字。

【译文】

孔子说:“有些贤者逃避乱世而隐居,次一等的择地而处,再次一等的避免不好的脸色,再次一等的躲避恶言。”

孔子又说:“这样的人出现过七位了。”

14.38 子路宿于石门[①]。晨门曰:“奚自?”子路曰:“自孔氏。”曰:“是知其不可而为之者与?”

【注释】

①石门:鲁都曲阜城门。

【译文】

子路在石门住了一晚,〔第二天清早进城,〕管城门的人说:“打哪儿来?”子路说:“从孔家来。”管城门的人道:“就是那个知道做不到却偏要去做的人吗?”

14.39 子击磬于卫,有荷蒉而过孔氏之门者,曰:“有心哉,击磬乎!”既而曰:“鄙哉,硁硁乎!莫己知也,斯己而已矣。深则厉,浅则揭[①]。"

子曰:"果哉!末之难矣。"

【注释】

①深厉、浅揭:这两句诗见《诗经·邶风·匏有苦叶》。水深比喻社会黑暗,只得听之任之;水浅比喻社会黑暗程度不深,便无妨撩起衣裳,免得浸湿。揭,音qì,撩起衣服。

【译文】

孔子在卫国,一天正敲着磬,有一个挑着草筐的汉子路过门前,说:"意味深长啊,这个敲磬!"待会儿又说:"磬声铿铿的,可鄙呀!没人了解自己,就撂挑子好了。水深,索性连衣裳走过去;水浅,不妨撩起裙角走过去。"

孔子说:"好坚决!没有什么可以说服他了。"

14.40 子张曰:"《书》云:'高宗谅阴[①],三年不言。'何谓也?"子曰:"何必高宗,古之人皆然。君薨,百官总己以听于冢宰三年。"

【注释】

①谅阴:居丧时所住的房子,又叫"凶庐"。所引两句见《尚书·无逸》。

【译文】

子张说:"《尚书》说:'殷高宗住在凶庐,三年不说话。'什么意思?"孔子说:"不仅仅高宗,古人都是这样。君主死了,继承的君主三年不问政事,各部门的官员听命于宰相。"

14.41 子曰:"上好礼,则民易使也。"

【译文】

孔子说:"居上位者喜好依礼行事,老百姓就易于使唤。"

14.42 子路问君子。子曰:"修己以敬。"

曰:"如斯而已乎?"曰:"修己以安人[①]。"

曰:"如斯而已乎?"曰:"修己以安百姓。修己以安百姓,尧舜其犹病诸?"

【注释】

①人:别人,他人。赵纪彬《论语新探》说《论语》中的"人"指奴隶主,"民"指奴隶。杨伯峻先生《论语译注》受其影响,说"修己以安人"的"人"指"上层人物"。我们已在《也谈〈论语〉中的"人"与"民"》一文中详证赵说之误,指出"人"指个体的人,"民"指群体的人;"人"也指别人、他人。详见北大出版社《论语新注新译》书末"附录"之《也谈〈论语〉中的"人"与"民"》。

【译文】

子路问怎样做君子。孔子说:"通过修养自己,来严肃认真对待一切。"

子路说:"这样就行了吗?"孔子说:"修养自己来安定别人。"

子路说:"这样就行了吗?"孔子说:"修养自己来安定众人。修养自己来安定众人,尧舜还为此大伤脑筋呢!"

14.43 原壤夷俟[①]。子曰:"幼而不孙弟[②],长而无述焉,老而不死,是为贼。"以杖叩其胫。

【注释】

①原壤夷俟:原壤,孔子的老朋友,他母亲死的时候,孔子去帮助他治丧,他却站在棺材上唱起歌来。夷,箕踞,张开腿坐在地上。俟,等待。

②孙弟:同"逊悌"。

【译文】

原壤两腿张开平坐在地上,等着孔子。孔子说:"小时候不懂礼貌,长大了毫无成就,命倒是老长,这就叫害人精。"用拐杖敲他小腿。

14.44 阙党童子将命①。或问之②，曰："益者与③？"子曰："吾见其居于位也④，见其与先生并行也⑤。非求益者也，欲速成者也。"

【注释】

①阙党童子：阙党，顾炎武《日知录》："《史记·鲁世家》'炀公筑茅阙门'，盖阙门之下，其里即名'阙里'，而夫子之宅在焉。亦谓之'阙党'。"《荀子·儒效》说孔子"居于阙党"。《水经注》："洙、泗二水，交于鲁城东北十七里。阙里背洙面泗，南北一百二十步，东西六十步。"今曲阜城内有阙里街，不知是建于阙里故地否。童子，古代八岁到十九岁（古代算虚岁，即今之七到十八周岁），未行冠礼的都叫作"童子"。

②或问之：这句的"之"指代"问"的内容，而非"问"的对象；这里指"阙党童子"。

③益者与：《季氏》："益者三友，损者三友。友直，友谅，友多闻，益矣。友便辟，友善柔，友便佞，损矣。"益者三友，有益的朋友有三种。然则，"益者与"直译当为"这小孩是对人有益的吗"，我们因此意译为"好孩子"。下文"求益者"是"追求上进的人"。

④居于位：《礼记·玉藻》："童子无事则立主人之北，南面（面朝南）。"可见"居于位"是不合礼节的。

⑤与先生并行：《礼记·曲礼上》："五年以长，则肩随之。"（"五年以长"，年长五岁以上；"肩随"，并行而稍后）而童子的年龄与"先生"相差甚多，依礼当然不能并行。

【译文】

阙党的一个少年来给孔子带口信。有人问起他，说："是个好孩子吗？"孔子说："我看见他坐在座位上，又看见他与长辈并肩而行。不是个肯求上进的人哪，是个急于求成的人。"

【评鉴】

勇

勇，即勇气，周、秦文献多所提及，意义与现代汉语无大差异。

《论语》中的“勇”取俗义，可以解释为一种本真的生命力，用以突破内在或外在的险阻。其意义与后儒所说的“气”相近，故而在后世“勇”“气”连用成词。生命力本身是质朴的，没有善恶之别；生命力也是必需的，需要予以肯定。孔子肯定勇气，但是十分注意勇气的使用。孔子主张“文质彬彬，然后君子”(6.18)，“勇”属于“质”的一方面，必须“文之以礼乐”(14.12)。他反对不经思考的爆发式的勇气，反对将勇气用在不恰当的地方，反对以恶德驱使勇气。子路问孔子：“君子尚勇乎?”孔子说：“君子义以为上，君子有勇而无义为乱，小人有勇而无义为盗。”(17.23)他赞许的是义理感召下的勇气，是见义能为的勇气。本篇第五章，羿与奡都勇能力人，但却不得好死；大禹和后稷却靠辛劳赢得天下。孔子说“仁者必有勇，勇者不必有仁”(14.4)，大禹出仁入圣，三过家门而不入，难道不需要勇气吗？这是一种道德感召下的勇气，是可浩大可持久的，孟子称之为“浩然之气”。爆发式的勇气固然也有价值，但义理坚守下的勇气却更为难得。本篇第十七章，学生认为管仲不肯殉职，算不上仁者。自杀当然需要勇气，一了百了，痛快直接，但那是匹夫之勇，不是仁者之勇。管仲委曲求全，坚持理想，实则需要更大的勇气。《赵氏孤儿》故事中，程婴对公孙杵臼说，一死难，还是抚养孤儿难？这是慷慨赴死抑或从容就义的两难选择，程婴毅然选择了后者。孔子总是指给我们一条更为崎岖坎坷的道路，因为世事本来艰辛，一锤子买卖很少能够解决问题。亲近现实，以实践为本，是孔子思想的真精神。

贫富

孔子的时代是贵族政治日渐式微的时代，这时财富与地位正逐渐分离，贫富问题已经脱离了有位无位的问题而独立存在。在那一时代，想要实现政治理想，还是需要以“位”为基础的，贫富只是个人生活的物质条件，与道德理想无关。对“富”或者“利”，孔子是持宽容态度的，他说富贵是所有人都想要的，贫贱是所有人都不喜的(4.5)，如果财富可以(道德允许)获得，那么就算是在集贸市场当个维持秩序的守门人也愿意(7.12)。孔子特别戒惧的是以不道德的方式获得财富，以及为了获得财富而耽误道德学问的提升。

贫富被孔子用来检验君子的品格。本篇第一章与《泰伯篇》第十三章意思相近，孔子说如果国家政治清明，一个人穷得叮当响，这就说明他没本事或者人品有问题，这是可耻的；如果国家政治黑暗，这个人当官赚大钱，这说明他在发国难财，人品也是有问题的，照样可耻。财富只有通过合乎道德的方式获得才值得肯定。外部条件如果不允许，就应该安于贫贱，如果因此牢骚满腹，觉得羞耻，那就算不得正人君子(4.9)。当孔子之世，各国普遍政治混乱，颜回“箪食瓢饮”“不改其乐”(6.11)，子路“衣敝缊袍，与衣狐貉者立而不耻”(9.27)，便为孔子所称许。人在富贵的条件下容易产生骄奢的情绪，这时他如果还能保持谦逊俭朴便是难能可贵的；如果他能把钱用在礼乐等该用的地方，那就能为孔子所称道了(1.15)。

以上都是从君子的修养角度来说的。从执政者治民的方面看，孔子主张“庶、富、教”(13.9)的养民步骤，“富”是仁政的根本，如果老百姓贫穷饥馑，那就是执政者失职，礼乐教化都无从谈起。

听于冢宰

本篇第十九章、四十章大致反映了孔子理想政体的一个方面。孔子主张“无为而治”(15.5)，但孔子的无为而治不同于老子的无为而治，不是政府不作为，而是政不自君主出。在孔子的理想中，君主作为国家元首是国家形象的象征，是道德的楷模，是权力的来源，但不必是决策的制定者。具体的行政事务应该由专门的大臣负责，并在“冢宰”(宰相)处汇总。孔子特别推崇虞舜的执政理念，“恭己正南面”(15.5)，然后“修己以安百姓”(14.42)，达到上行下效的理想效果，具体事务则交给皋陶、大禹等贤臣。

在这种政体下，即使是后世家天下的君主道德才智低下，国家也能够得到有效的治理。商高宗和卫灵公都不是有道之君，但因为“冢宰”执事，百官听命，所以国家“不丧”。孔子说这种政体是“古之人皆然”也不是没有根据。据《史记·殷本纪》记载，商汤用贤臣伊尹为“冢宰”，商汤薨后几年他的孙子太甲当了天子。太甲胡作非为，伊尹屡劝不止，于是就把太甲流放到商汤的墓地软禁起来，让他闭门反省。三年之后，太甲改过迁善，伊尹又把太甲迎了回来。太甲不在的三年，政事全由伊尹做主，政局由乱返治。

曾子把孔子的对君主“无为而治”的理想联系到君子修养上来，认为君子端正品貌就够了，具体的事务自有专人负责。这是对孔子思想的继承与发展，但也因此把儒家思想讲得过于内向了，容易产生忽视才能，轻视实务的流弊。

卫灵公篇第十五

15.1 卫灵公问陈于孔子①。孔子对曰："俎豆之事②，则尝闻之矣；军旅之事，未之学也。"明日遂行。

【注释】

①陈：就是现在的"阵"字。

②俎豆之事：礼仪之事；俎豆，古代祭器。

【译文】

卫灵公问孔子军队如何布阵。孔子答道："礼仪的事情，我曾经听到过；军队的事情，却从没学过。"第二天便离开了卫国。

15.2 在陈绝粮，从者病，莫能兴。子路愠见，曰："君子亦有穷乎？"子曰："君子固穷①，小人穷，斯滥矣。"

【注释】

①固穷：固然有穷愁潦倒的时候。有的《论语》注本说"固穷"是"固守其穷""坚守着贫困"，不确。《论语》时代，"固"作谓语时多表示"（使）巩固"，未见"固守"用例，也不带"穷"这类表示抽象意义的宾语；但作副词表"固然"者则极为常见。详见北大出版社《论语新注新译》这一章的"考证"（一）。

【译文】

孔子在陈国断绝了粮食供应，跟随的人都饿病了，爬不起来。子路拉长了脸来见孔子，说："难道君子也有一筹莫展的时候吗？"孔子说："君子固然有行不通的时候；不过小人行不通的时候，就无所不为了。"

15.3 子曰："赐也，女以予为多学而识之者与？"对曰："然，非与?”曰:“非也,予一以贯之[1]。”

【注释】

①一以贯之:这和《里仁篇》“夫子之道,忠恕而已矣”的“一贯”相同。子贡他们所重视的,是孔子的博学多才,而孔子自己所重视的,则在于他的以忠恕之道贯穿于其整个学行之中。

【译文】

孔子说:“赐啊,你以为我是学得多又记得住的人吗?”子贡答道:“对呀,难道不是这样的吗?”孔子说:“不是的,我有个观念贯穿始终。”

15.4 子曰:“由!知德者鲜矣。”

【译文】

孔子对子路说:“由!了解‘德’的人可不多啦。”

15.5 子曰:“无为而治者,其舜也与?夫何为哉?恭己正南面而已矣。”

【译文】

孔子说:“不必劳苦受累而让天下大治的人,大概只有舜吧?他干了什么呢?庄重地坐在朝堂之上罢了。”

15.6 子张问行。子曰:“言忠信,行笃敬,虽蛮貊之邦,行矣。言不忠信,行不笃敬,虽州里,行乎哉?立则见其参于前也[1],在舆则见其倚于衡也,夫然后行[2]。”子张书诸绅[3]。

【注释】

①参于前:仿佛看见“言忠信,行笃敬”两句话在自己前边与自己并列而三。参,同“叁”。详见北大出版社《论语新注新译》这一章的“考证”。

②夫:远指代词,那,那样。

③绅：古代士大夫束在腰上的大带子。

【译文】

子张问怎样才能行得通。孔子说："言语忠诚老实，行为忠厚严肃，即使到蛮貊的国度，也行得通。言语不忠诚老实，行为不忠厚严肃，即使在本乡本土，能行得通吗？站立时，看见'忠诚老实忠厚严肃'几个字在面前晃着；在车里，看见它刻在前面的横木上；那样才能到处行得通。"子张把这些话写在大带上。

15.7 子曰："直哉史鱼①！邦有道，如矢；邦无道，如矢。君子哉蘧伯玉！邦有道，则仕；邦无道，则可卷而怀之。"

【注释】

①史鱼：卫国大夫史鰌，字子鱼。他临死时嘱咐儿子说："我在卫国朝廷，不能进用蘧伯玉，斥退弥子瑕，这说明我作为臣子不能帮助君上正直。活着不能帮助君上正直，那么死了也不能采用与大臣相称的葬礼。我死之后，你把我的遗体放置在窗下。"他儿子照做了。卫灵公来吊唁，感到奇怪。其子据实以告。灵公愕然变色，说："这都是我的错呀！"于是下令将史鱼遗体"殡于客位"（古礼：出殡之前，遗体应放置在客位），并进用蘧伯玉，斥退弥子瑕，古人称这种行为为"尸谏"。

【译文】

孔子说："好一个刚直不阿的史鱼！政治清明，他像箭一般直，政治黑暗，他也像箭一般直。好一个君子蘧伯玉！政治清明就出来做官，政治黑暗就把自己的本领收藏起来。"

15.8 子曰："可与言而不与之言，失人；不可与言而与之言，失言①。知者不失人，亦不失言。"

【注释】

①失言：说错话。《论语》时代的"失言"，都是说错话的意思，书证很多。详

见北大出版社《论语新注新译》这一章的“考证”。

【译文】

孔子说：“可以跟他说，却不跟他说，这会错失人才；不可以跟他说，却去跟他说，这是说错了话。聪明人既不错失人才，也不说错话。”

15.9 子曰：“志士仁人，无求生以害仁，有杀身以成仁。”

【译文】

孔子说：“志士仁人，没有贪生怕死而损害仁德的，只有牺牲自己来成全仁德的。”

15.10 子贡问为仁。子曰：“工欲善其事，必先利其器。居是邦也，事其大夫之贤者，友其士之仁者①。”

【注释】

①士：有时指有一定修养的人，如“士志于道”（4.9）；这里指有一定社会地位的人。

【译文】

子贡问如何成就仁德。孔子说：“工匠要把事情干好，一定先要完善他的工具。我们住在某国，就要侍奉该国大夫中的贤人，结交该国士人中的仁人。”

15.11 颜渊问为邦。子曰：“行夏之时①，乘殷之辂②，服周之冕③，乐则《韶》《舞》④。放郑声，远佞人。郑声淫，佞人殆。”

【注释】

①行夏之时：夏朝用自然历（相当于今之农历），较合乎自然现象。

②辂：音 lù，商代的车子，较为质朴。

③服周之冕：周代礼帽比较华美，孔子是赞同礼服华美的。

④《韶》《舞》:《韶》是舜时的音乐;《舞》同《武》,是周武王时乐曲。

【译文】

颜渊问如何治理国家。孔子说:“用夏朝的历法,坐殷朝的车子,戴周朝的礼帽,音乐就用《韶》和《武》。放弃郑国的乐曲,斥退小人。郑国的乐曲淫秽,小人危险。”

15.12 子曰:“人无远虑,必有近忧。”

【译文】

孔子说:“一个人没有长远的考虑,忧患必定近在眼前。”

15.13 子曰:“已矣乎!吾未见好德如好色者也[①]。”

【注释】

①可参9.18。

【译文】

孔子说:“完了吧,我还从没见过喜欢美德如同喜欢美貌一样的呢!”

15.14 子曰:“臧文仲其窃位者与[①]!知柳下惠之贤而不与立也[②]。”

【注释】

①臧文仲:鲁国大夫臧孙辰。可参《公冶长篇》“臧文仲居蔡”章。

②知柳下惠之贤而不与立:柳下惠,鲁国贤者,本名展获,字禽,又名展季;不与立,不与他做盟友,也即不与之并立于朝。详见北大出版社《论语新注新译》这一章的“考证”。

【译文】

孔子说:“臧文仲大概是个尸位素餐的人,明知柳下惠贤良,却不与他同朝共事。”

15.15 子曰："躬自厚而薄责于人[1]，则远怨矣。"

【注释】

①躬自厚：即"躬自厚责"，责字探下而省，严于律己的意思。

【译文】

孔子说："多责备自己而少责备别人，便不会招致怨恨了。"

15.16 子曰："不曰'如之何，如之何'者，吾末如之何也已矣。"

【译文】

孔子说："不常自问'怎么办，怎么办'的人，我拿这种人也不知道怎么办了。"

15.17 子曰："群居终日，言不及义，好行小慧，难矣哉！"

【译文】

孔子说："一帮人整天混在一块，说的又毫不涉及道义，只喜欢卖弄小聪明，这些人难有所成啊！"

15.18 子曰："君子义以为质，礼以行之，孙以出之[1]，信以成之。君子哉！"

【注释】

①孙以出之：孙，同"逊"；出，出言，讲话。

【译文】

孔子说："君子以义为本质，依礼行事，言语谦虚，靠诚信取得成功。这才是君子啊！"

15.19 子曰："君子病无能焉，不病人之不己知也。"

【译文】

孔子说:“君子只惭愧自己没有能力,不怨恨别人不了解自己。”

15.20 子曰:“君子疾没世而名不称焉。”

【译文】

孔子说:“君子深感遗憾的是到死而名字不被人家称道。”

15.21 子曰:“君子求诸己,小人求诸人。”

【译文】

孔子说:“君子严格要求自己,小人苛刻要求别人。”

15.22 子曰:“君子矜而不争,群而不党。”

【译文】

孔子说:“君子保持尊严,但不争执;合群,但不结党营私。”

15.23 子曰:“君子不以言举人,不以人废言。”

【译文】

孔子说:“君子不因为别人话说得好就提拔他,也不因为他是坏人而废弃他的好话。”

15.24 子贡问曰:“有一言而可以终身行之者乎?”子曰:“其恕乎!己所不欲,勿施于人。”

【译文】

子贡问道:“有一个字可以终身奉行的吗?”孔子说:“大约是‘恕’吧!自己不想要的东西,不要强加给别人。”

15.25 子曰："吾之于人也，谁毁谁誉？如有所誉者，其有所试矣。斯民也，三代之所以直道而行也。"

【译文】

孔子说："我对于别人，诋毁了谁？称赞了谁？如果对谁有称赞，一定是有所考验的。夏、商、周三代的人都是这样做的，所以那时能直道而行。"

15.26 子曰："吾犹及史之阙文也，有马者借人乘之。今亡矣夫①。"

【注释】

①吾犹及……今亡矣夫：何晏《论语集解》引包咸说："古之良史于书字有疑，则阙之以待知者也；有马不能调良，则借人乘习之。孔子自谓及见其人如此，至今无有矣。""吾犹及史之阙文也，有马者借人乘之"可以理解为"吾犹及史之阙文也，史之阙文，如有马者借人乘之"。参见杨树达先生《古书疑义举例续补·省句例》（载《古书疑义举例五种》，中华书局 1956 年）及 8.17 注①。

【译文】

孔子说："我还能够看到史书中有存疑以待后人的地方，如同有马自己不会调教而先借给别人使用一样。今天恐怕没人这样做了吧！"

15.27 子曰："巧言乱德。小不忍①，则乱大谋。"

【注释】

①忍：忍心；从《论语》《左传》时代到战国末年，"不忍"不带宾语时，都是"不忍心"的意思。盖谓对巧言乱德之人稍有仁慈，则足以败坏大事。详见北大出版社《论语新注新译》这一章的"考证"。

【译文】

孔子说："花言巧语足以败坏道德。小小的不忍心，便会败坏大事情。"

15.28 子曰:“众恶之,必察焉;众好之,必察焉[①]。”

【注释】

①此章当与13.24共读。

【译文】

孔子说:“众人厌恶他,一定要考察;众人喜爱他,也一定要考察。”

15.29 子曰:“人能弘道,非道弘人。”

【译文】

孔子说:“人能够把道发扬光大,而不是用道来光大人。”

15.30 子曰:“过而不改,是谓过矣。”

【译文】

孔子说:“有错误而不改正,这本身就是一个错误!”

15.31 子曰:“吾尝终日不食,终夜不寝,以思,无益,不如学也。”

【译文】

孔子说:“我曾经整天不吃,整夜不睡,用来思考,没用,不如去学习。”

15.32 子曰:“君子谋道不谋食。耕也,馁在其中矣;学也,禄在其中矣。君子忧道不忧贫[①]。”

【注释】

①这一章可与13.4结合着看。

【译文】

孔子说:“君子谋划仁道,不谋划衣食。耕种,也免不了饿肚子;学习仁道,也能得到俸禄。君子忧虑仁道不推行,不忧虑衣食无着。”

15.33 子曰:“知及之,仁不能守之,虽得之,必失之。知及之,仁能守之,不庄以莅之①,则民不敬。知及之,仁能守之,庄以莅之,动之不以礼,未善也。”

【注释】

①莅:音 lì,临近。

【译文】

孔子说:“你的聪明才智足以得到它,但你的仁德不足以保持它;即使得到,必定失去。聪明才智足以得到它,仁德足以保持它,不态度严肃地对待它,百姓也不会严肃认真。聪明才智足以得到它,仁德足以保持它,也能态度严肃地对待它,假如不用礼去启动它,也不算尽善尽美。”

15.34 子曰:“君子不可小知而可大受也,小人不可大受而可小知也。”

【译文】

孔子说:“君子往往在小事上不甚了了,却可以接受重大考验;小人经不起重大考验,却往往在小事上精明得很。”

15.35 子曰:“民之于仁也,甚于水火①。水火,吾见蹈而死者矣,未见蹈仁而死者也。”

【注释】

①甚于水火:这句话有歧义。何晏《论语集解》引马融说:“水火与仁皆民所

仰而生者,仁最为甚。”杨伯峻先生《论语译注》从之,并译为:“百姓需要仁德,更急于需要水火。”但皇侃《义疏》引王弼说:“民之远于仁,甚于远水火也。”我们认同后者。因为,1.《论语》时代,“甚”作为动词,多为“过分”“严重”的意思。该词用作谓语时,通常用于描述一些不好的、恶劣的事物。2.《论语》时代的典籍中,“水火”通常代表可怕的、容易伤害人的事物。详见北大出版社《论语新注新译》这一章的“考证”。

【译文】

孔子说:“百姓害怕‘仁’,超过害怕水火。水火,我看见进去便死了的,却从没见过实践仁德而死的。”

15.36 子曰:“当仁,不让于师①。”

【注释】

①当仁,不让于师:与孔子同一时代的古希腊哲人亚里士多德有言:“吾爱吾师,吾尤爱真理。”与此章相通。

【译文】

孔子说:“仁德当前,义无反顾;即便是老师,也不谦让。”

15.37 子曰:“君子贞而不谅。”

【译文】

孔子说:“君子追求真理一往无前,却未必在小事上处处守信。”

15.38 子曰:“事君,敬其事而后其食。”

【译文】

孔子说:“对待君上,认真工作,把拿俸禄的事放在后面。”

15.39 子曰:“有教无类①。”

【注释】

①有教无类:赵纪彬《论语新探》读“有教无类”为“域教无类”,说:“总而言之,《论语》‘有教无类’的‘教’字,乃是奴隶主贵族对于所域之民施行的教化,发布的教令,以及军事技能的强制性教练。”实际上,“有……无……”乃是《论语》时代的语言中的常见句式,我们至今常说的“有备无患”即属这一句式;因此,“有教无类”当然是“不管人的类别,一律加以教育”的意思。详见北大出版社《论语新注新译》这一章的“考证”以及该书“附录”之《也谈〈论语〉中的“人”与“民”》。

【译文】

孔子说:“人人我都教育,没有〔贫富、地域等〕区别。”

15.40 子曰:“道不同,不相为谋。”

【译文】

孔子说:“主张不同,不互相商议。”

15.41 子曰:“辞达而已矣。”

【译文】

孔子说:“言辞,足以表达想说的就够了。”

15.42 师冕见①,及阶,子曰:“阶也。”及席,子曰:“席也。”皆坐,子告之曰:“某在斯,某在斯。”

师冕出,子张问曰:“与师言之道与?”子曰:“然,固相师之道也。”

【注释】

①师冕:师,乐师,一般是盲人;冕,人名。

【译文】

师冕来见孔子,走到阶梯边,孔子便说:“这是阶梯呀。”走到座席旁，孔子说："这是座席呀。"都坐定了，孔子告诉他说："某人在这里，某人在这里。"

师冕辞了出来。子张问道："这是同盲人说话的方式吗？"

孔子说："对的，这本来是帮助盲人的方式。"

【评鉴】

名

中国传统文化推崇谦虚，有轻视"名"的一面，许多人以为是孔子的主张，那是对《论语》的误读。"名"有善名，有恶名；有符实之名，有不符实之名；有治世之名，有乱世之名。不加以辨析就一概贬斥，那是主张超越精神的道家，不是孔子的思想性格。

本篇第二十章，孔子说君子为一辈子不被人知道而痛心疾首。不为人所知，就难以为君所用，政治理想无从谈起；不为人所知，就难以传播好的影响，教育理想也不可能实现。所以君子"求为可知"(4.14)。但君子求名，不是到处推销自己，而是"求诸己"(15.21)，在自己的品德、能力上下功夫，并做到谨言慎行，仪容神色端正，自然而然地让人敬重和信任。君子为人正直，讲原则，难免得罪人，在清明的政治环境下能够获得理解与重用，但在昏暗的政治生态中就难免遭受诋毁甚至迫害。所以君子要有"卷而怀之"(15.7)的智慧，要懂得"辟"和"隐"，这时他的名声不显是正当的，不必抱怨没人知道自己。天下之大，总有能够施展才华的地方，但人难免眷念乡土，君子既然有志于道，就要克服"怀土"(4.11)"怀居"(14.2)，贪图安逸，为道德理想奔走。

同时，"名"也是考察他人的依据。对于近距离的人，人们可以"视其所以，观其所由，察其所安"(2.10)。但了解一个人是需要时间的，尤其对于远距离的人，最先接触到的就是这个人的口碑。口碑的形成原因复杂，未必见得人品好口碑就好，人品差口碑就差。孔子对此也十分慎重，自己评论他人就秉承"有所试"(15.25)的原则，不考察清楚不轻易张口。孔子也深知，任何人都不完美，坚持操守，奉行善道难免得罪人。反而是那些好好先生，无原则地迎合他人，反倒饱受赞誉。孔子最反感的就是这类好好先生，称之为“德之贼”（17.13），因为这些人的存在会左右世人的评价标准，反而在舆情上凌驾于君子，让君子处世变得困难重重。本篇第二十八章，“众恶之，必察焉；众好之，必察焉”，就是要防备这类人裹挟民意乘势而起。正人君子一定不是所有人都喜欢的，而是“善者好之”“不善者恶之”（13.24）。好人都喜欢他，坏人都讨厌他，这样的人才是真有道德的人。

季氏篇第十六

16.1 季氏将伐颛臾[①]。冉有、季路见于孔子曰："季氏将有事于颛臾[②]。"

孔子曰："求！无乃尔是过与[③]？夫颛臾，昔者先王以为东蒙主[④]，且在邦域之中矣，是社稷之臣也，何以伐为？"

冉有曰："夫子欲之，吾二臣者皆不欲也。"

孔子曰："求！周任有言曰[⑤]：'陈力就列，不能者止。[⑥]'危而不持，颠而不扶，则将焉用彼相矣？且尔言过矣，虎兕出于柙，龟玉毁于椟中，是谁之过与？"

【注释】

①颛臾：音 zhuānyú，鲁国的附庸国，在今山东费县西北。

②有事：《左传》："国之大事，在祀与戎。"这"有事"即指用兵。从这一段到"而在萧墙之内也"为一章，今为阅读方便，分为二节。

③尔是过："尔"是"过"的宾语，可理解为"过尔"，"责备你"的意思。

④东蒙：即蒙山，在今山东蒙阴南，接费县境。

⑤周任：古代史官。

⑥陈力就列，不能者止：将自己的能力显示出来，然后到与这种能力相称的岗位上工作；感觉自己能力不够时，就辞职不干了。

【译文】

季氏将要攻打颛臾。冉有、子路两人谒见孔子，说："季氏将要对颛臾下手了。"

孔子说："冉求，难道不该责备你吗？那颛臾，先王授权他主持东蒙山的祭祀，而且它就在国境之中，这正像和鲁国安危与共的重臣，为什么要去攻打它呢？"

冉有说："季孙他老人家要这样干，我们两个臣子都是不愿意的。"

孔子说："冉求！周任说过这样的话：'掂量掂量自己的能力，觉得行，就干；不行的话，就放手。'好比瞎子遇到危险，不去扶持；将要摔倒了，不去搀扶，又何必用那助手呢？况且你的话大错特错——老虎犀牛逃出囚笼，龟壳美玉毁坏在盒子里，这是谁的过错？"

冉有曰："今夫颛臾，固而近于费[①]。今不取，后世必为子孙忧。"

孔子曰："求！君子疾夫舍曰欲之而必为之辞。丘也闻有国有家者，不患寡而患不均，不患贫而患不安。盖均无贫，和无寡，安无倾。夫如是，故远人不服，则修文德以来之。既来之，则安之。今由与求也，相夫子，远人不服，而不能来也；邦分崩离析，而不能守也；而谋动干戈于邦内。吾恐季孙之忧，不在颛臾，而在萧墙之内也[②]。"

【注释】

①费：音 bì，鲁国季氏采邑，在今山东费县西南。

②萧墙之内：萧墙，鲁君所用的屏风；萧墙之内，暗指鲁君。当时季孙把持鲁国朝政，怕鲁君起兵收回主权时，颛臾凭借有利地势帮忙，于是要先下手为强。

【译文】

冉有说："当今那颛臾，城墙既坚牢，而且离费很近，如今不去拿下，后世定然遗祸子孙。"

孔子道："冉求！君子就讨厌那种不说自己贪得无厌却一定找些说辞的做派。我听说过：有国家或有封地的人，不必担心衣食太少，只需担心不平均；不必担心贫困，只需担心不安定。因为如果平均了，就没有所谓贫穷；社会和谐，就不会缺衣少食；和平安定，社稷就不会倾危。这些都做到了，远方的人还不归服，再修明文教礼乐来招致他们。招来了他们，就要使他们安心。如今仲由和冉求两人辅佐季孙他老人家，远方之人不归服，却不能招致；国家土崩瓦解，却不能保全；反而想在国境之内大动干戈。我怕的是，季孙忧虑的不是颛臾，却是宫里那人哪。”

16.2 孔子曰：“天下有道，则礼乐征伐自天子出；天下无道，则礼乐征伐自诸侯出。自诸侯出，盖十世希不失矣；自大夫出，五世希不失矣；陪臣执国命，三世希不失矣①。天下有道，则政不在大夫。天下有道，则庶人不议。”

【注释】

①孔子这段话可能是考察历史得出的结论。从齐桓公始，“礼乐征伐自诸侯出”，至简公为陈恒所杀，共历十代；鲁自季友专政，至季桓子为阳虎所执，共历五代；而季氏家臣南蒯、公山弗扰、阳虎之流都当身而败，不曾三世。愈近变动年代，权力再分配的斗争便愈加激烈。

【译文】

孔子说：“天下太平，制礼作乐以及出兵都由天子决定；天下混乱，制礼作乐以及出兵便由诸侯决定了。由诸侯决定，大约传到十代还能维持的，就很少了；由大夫决定，传到五代还能维持的，就很少了；若是由大夫的家臣操纵国家命运，传到三代便很少还能维持。天下太平，国家的最高政治权力就不会由大夫掌握。天下太平，老百姓就不会议论纷纷。”

16.3 孔子曰：“禄之去公室五世矣，政逮于大夫四世矣，故夫三桓之子孙微矣①。”

【注释】

①三桓：鲁国的三卿，仲孙（即孟孙）、叔孙、季孙都出于鲁桓公，故称“三桓”。

【译文】

孔子说："国家政权离开了鲁君，已经五代了；政权到了大夫手里，已经四代了，所以那桓公的三房子孙现在也衰微了。"

16.4 孔子曰："益者三友，损者三友。友直，友谅，友多闻，益矣。友便辟，友善柔，友便佞，损矣。"

【译文】

孔子说："有益的朋友有三种，有害的朋友有三种。同正直的人交友，同信实的人交友，同见多识广的人交友，便有益了。同阿谀奉承的人交友，同口蜜腹剑的人交友，同夸夸其谈的人交友，便有害了。"

16.5 孔子曰："益者三乐，损者三乐。乐节礼乐，乐道人之善，乐多贤友，益矣。乐骄乐，乐佚游，乐晏乐，损矣。"

【译文】

孔子说："有益的快乐有三种，有害的快乐有三种。以得到礼乐的调节为快乐，以揄扬他人的优点为快乐，以有许多善良能干的朋友为快乐，就有益了。以显摆身份为快乐，以整天闲逛为快乐，以吃喝玩乐为快乐，就有害了。"

16.6 孔子曰："侍于君子有三愆①：言未及之而言谓之躁，言及之而不言谓之隐，未见颜色而言谓之瞽。"

【注释】

①愆：音 qiān，过失。

【译文】

孔子说："陪同君子容易有三种过失：还不该他说却说了，叫作急躁；该他说了却不说，叫作隐瞒；不察言观色张口就说，叫作瞎了眼。”

16.7 孔子曰："君子有三戒：少之时，血气未定，戒之在色；及其壮也，血气方刚，戒之在斗；及其老也，血气既衰，戒之在得。”

【译文】

孔子说："君子有三件事要戒备：年轻时，身体心理尚未健全，要戒备迷恋女色；到了壮年，气血正旺盛，要戒备争强好胜；等到年老了，血气已经衰弱，要戒备贪得无厌。”

16.8 孔子曰："君子有三畏：畏天命，畏大人①，畏圣人之言。小人不知天命而不畏也，狎大人，侮圣人之言。”

【注释】

①大人：指在高位的人。

【译文】

孔子说："君子敬畏三件事：敬畏天命，敬畏大人物，敬畏圣人的话。小人不懂得天命，因而不知敬畏；对待大人物举止轻佻，轻侮圣人的话。”

16.9 孔子曰："生而知之者，上也；学而知之者，次也；困而学之，又其次也；困而不学，民斯为下矣。”

【译文】

孔子说："天生聪明智慧的，是第一等；学习后聪明智慧的，是第二等；困境中再去学的，又降低一等；遇见困难都不学，芸芸众生才沦为这最下等的呀。”

16.10 孔子曰："君子有九思：视思明，听思聪，色思温，貌思恭，言思忠，事思敬，疑思问，忿思难，见得思义。"

【译文】

孔子说："君子有九处用心思：看要注意看清楚；听要注意听明白；脸色要注意温和；容貌要注意端庄；言语要注意忠实；工作要注意认真；有疑要注意请教；生气要注意后患；有利可图，要注意该不该得。"

16.11 孔子曰："见善如不及，见不善如探汤，吾见其人矣，吾闻其语矣。隐居以求其志，行义以达其道，吾闻其语矣，未见其人也。"

【译文】

孔子说："遇见善良，好像赶不上趟似的紧追不舍；遇见邪恶，好比手就要挨到沸水般赶紧避开，我见过这样的人，还听过这样的话。避世隐居以求初衷的保全，依义而行以求主张的贯彻，我听过这样的话，却还没见过这样的人。"

16.12 齐景公有马千驷①，死之日，民无德而称焉②；伯夷叔齐饿于首阳之下，民到于今称之。其斯之谓与③？

【注释】

①千驷：古代一般用四匹马驾一辆车，一驷就是四匹马。

②民无德而称焉：同8.1"民无得而称焉"，可参8.1注②。

③其斯之谓与：从这一句和此章没有"子曰"来看，可能前面有阙文。

【译文】

齐景公有马四千匹，死了以后，老百姓没有谁称颂他；伯夷叔齐在首阳山下饥肠辘辘，老百姓直到现在还称颂他们。大概就是说的这个吧！

16.13 陈亢问于伯鱼曰[1]："子亦有异闻乎？"

对曰："未也。尝独立，鲤趋而过庭。曰：'学诗乎？'对曰：'未也。''不学诗，无以言。'鲤退而学诗。他日，又独立，鲤趋而过庭。曰：'学礼乎？'对曰：'未也。''不学礼，无以立。'鲤退而学礼。闻斯二者。"

陈亢退而喜曰："问一得三，闻诗，闻礼，又闻君子之远其子也。"

【注释】

①陈亢：即陈子禽；亢，音 gāng。

【译文】

陈亢问伯鱼说："您在老师那儿，也有与众不同的闻见吗？"

答道："没有。他曾经独自站在庭中，我恭敬地走过。他问我：'学诗没有？'我说：'还没呢。'他便说：'不学诗，没法说话。'我退下后就开始学诗。过了几天，他又独自站在庭中，我又恭敬地走过。他问：'学礼没有？'我说：'还没呢。'他说：'不学礼，没法立足社会。'我退下后就开始学礼。就只听到这两件。"

陈亢回去后高兴地说："我问一而了解了三：了解了诗，了解了礼，又了解君子是如何不偏爱儿子的。"

16.14 邦君之妻，君称之曰夫人，夫人自称曰小童；邦人称之曰君夫人，称诸异邦曰寡小君；异邦人称之亦曰君夫人[1]。

【注释】

①这章可能也是孔子所言，却遗落了"子曰"两字。

【译文】

国君的妻子，国君称她为"夫人"，夫人自称为"小童"；国人称她为

“君夫人”，对外国人则称她为“寡小君”；外国人称她也为“君夫人”。

【评鉴】

季氏

季氏源于鲁桓公之子季友。季友正直贤能，时值鲁国公室内乱，季友戡定叛乱，拥立鲁僖公有功，被封为上卿，采邑在费地。他的子孙世袭罔替，与鲁桓公另外两个儿子的后裔并称“三桓”，季氏为“三桓”之首。《论语》中“三思而后行”的季文子是季友的孙子，那时鲁国的朝政掌握在鲁僖公的儿子东门氏手里，孟孙氏、叔孙氏与东门氏抗争，都吃了大亏。季文子低调谨慎，等到东门氏失道寡助时一鸣惊人，驱逐了东门氏，夺回实权。季文子生季武子，季武子生季平子。季氏的权势在武子、平子的时候达到鼎盛。季平子专横跋扈，鲁昭公带兵讨伐季平子，兵败出逃，从此季平子权势更盛，一时鲁人不知有鲁君，但知有季氏。因为齐国和晋国的干预，季平子不得不迎回鲁昭公，但昭公在回国的路上病逝，鲁定公即位。季桓子是季平子的儿子，桓子贪好美色荒疏朝政，鲁国和季氏的权柄日益到了季氏家臣阳货手中。季桓子与家臣发生矛盾，被阳货、公山弗扰抓住，签订城下之盟后获释。季桓子逃脱后联合孟孙氏、叔孙氏击败了阳货。孔子担任大司寇时，摄行相事，鲁国政局转向清明。孔子主张“隳三都”（依照礼制拆除“三桓”逾制的城墙），季桓子想起之前阳货和公山弗扰叛乱，自己因为封邑费地（由公山弗扰控制）城高难攻所以吃了亏，于是支持孔子。在拆毁了叔孙氏的郈邑城墙后，季氏家臣公山弗扰率费人攻打国都。都城被攻破后，定公躲入季氏宫中，孔子指挥军队击败了叛军，而后拆除了季孙氏的城墙。“三都”城墙已隳其二，但郕邑邑宰坚决反对，适逢齐军压境，只能不了了之。之后“三桓”联合逐走了孔子，但季氏的实力已大受影响。季桓子死后他的儿子继任，就是屡屡向孔子请教的季康子，康子继任后迎回了已入暮年的孔子。

以季氏为首的“三桓”几代把持朝政，政令不自鲁君出，甚至季氏家臣阳货也能专权擅政，绑架鲁君，这是孔子最不愿意看到的，但孔子想在鲁国实现政治理想，又不得不与季氏虚与委蛇。鲁哀公(6.3)和季康子(11.7)都曾问孔子哪个学生最好学，孔子答曰颜回，但和哀公说得细致，和康子说得粗略，可见孔子对季氏的态度。

本篇第二章说礼乐征伐的权力不在天子，下放到诸侯，国命难有十代，大夫难有五代，陪臣难有三代，都不是危言耸听，而是基于历史观察总结出来的，注释中有简要说明。第三章说“禄之去公室五世”，是指从宣公失权到当时的定公，经历成公、襄公、昭公共五代君主。“政逮于大夫四世”是从季文子夺回权力到季桓子，经历武子、平子共四代。根据第二章总结的经验，孔子认为“三桓”把持政权的日子不会太久了。历史的发展大抵不出孔子所料，虽然在季桓子时季氏的权势已不如前，但“三桓”在苦撑几代之后，直到战国早期鲁穆公时才被完全削平了。

阳货篇第十七

17.1 阳货欲见孔子[①],孔子不见,归孔子豚[②]。

孔子时其亡也,而往拜之,遇诸途。

谓孔子曰:“来!予与尔言。”曰:“怀其宝而迷其邦,可谓仁乎?”曰:“不可!好从事而亟失时[③],可谓知乎?”曰:“不可!日月逝矣[④],岁不我与。”

孔子曰:“诺,吾将仕矣[⑤]。”

【注释】

①阳货:即阳虎,季氏的家臣,此时他正权倾朝野,炙手可热。

②归:通“馈”,赠送。

③亟:音 qì,屡屡。

④日月逝矣:太阳月亮升起又落下。《论语》时代的典籍中,“日月”一般都指太阳月亮,极少例外。详见北大出版社《论语新注新译》这一章的“考证”。

⑤吾将仕矣:孔子于阳货当权时,并未出仕。

【译文】

阳货想要孔子来拜会他,孔子不去,他便派人送给孔子一个〔蒸熟了的〕小猪〔,想让孔子到他家来道谢〕。

孔子打听到他不在家的时候,去拜谢,两人在路上相遇。

他对孔子叫道:“来!我要和你说话。”〔孔子走了过去。〕他又说:“怀有一身本领,却听任国事混乱不堪,这可以叫作仁爱吗?”〔孔子不作声。〕他又接着说:“不可以!一个人喜欢做官,却屡屡错过机会,这可以叫作聪明吗?”〔孔子仍不作声。〕他又一次接着说:“不可以!太阳月亮升起又落下,岁月可不饶人哪!”

孔子这才说:“好吧,我打算做官了。”

17.2 子曰:“性相近也,习相远也。”

【译文】

孔子说:“各人的本性都相差不远,只因所受的影响不同,才拉开了距离。”

17.3 子曰:“唯上知与下愚不移[①]。”

【注释】

①此章当与16.9合看。

【译文】

孔子说:“只有上等的智者和下等的愚人是没法改变的。”

17.4 子之武城,闻弦歌之声。夫子莞尔而笑[①],曰:“割鸡焉用牛刀?”

子游对曰:“昔者偃也闻诸夫子曰:‘君子学道则爱人,小人学道则易使也。’”

子曰:“二三子,偃之言是也!前言戏之耳。”

【注释】

①莞尔:微笑貌;莞,音wǎn。

【译文】

孔子到了〔子游当政的〕武城,听到了弹琴唱歌的声音。孔子微微一笑,说道:“杀鸡,哪里用得着宰牛的刀?”

子游答道:“以前我听老师说过,做官的学习了,就会爱护他人;老百姓学习了,就容易使唤。〔可见教育总是有用的。〕”

孔子说:“同学们,言偃的话是对的!我刚才的话不过是和他开玩笑罢了。”

17.5 公山弗扰以费畔[①],召,子欲往。

子路不说,曰:“末之也已[②],何必公山氏之之也[③]?”

子曰:“夫召我者,而岂徒哉[④]? 如有用我者,吾其为东周乎[⑤]?”

【注释】

①公山弗扰以费畔:公山弗扰,又名公山不狃(niǔ),字子泄,鲁国大夫季孙氏的家臣。畔,反叛。

②末之也已:句式同9.11“末由也已”;“也已”为复合语气词。武亿《经读考异》读作“末之也,已。”不可据。

③何必公山氏之之也:即“何必之公山氏也”。第一个“之”,是用于复指宾语“公山氏”的代词,第二个“之”,动词,往。

④而岂徒哉:这句话说完整是“而岂徒召我哉”。

⑤如有用我者,吾其为东周乎:这两句话有两解。据何晏《论语集解》说,是用疑问语气表示肯定,当直译为“我这儿大约就是东方之周吧?”据戴望、刘宝楠说,则是用反问表示否定,应直译为“我难道只是复兴一个东周吗?”我们赞同前说,因为先秦“其为……乎”句式都是用疑问语气表示肯定,表示“该会是……吧”。详见北大出版社《论语新注新译》这一章的“考证”。

【译文】

公山弗扰盘踞费邑准备造反,叫孔子去,孔子准备去。

子路很不高兴,说:“没有地方去了吗? 为什么一定要去公山氏那里呢?”

孔子说:“那个叫我去的人,难道是白白召我吗? 假若有人用我,我大概会让周文王周武王之道在东方复兴吧?”

17.6 子张问仁于孔子。孔子曰:“能行五者于天下为仁矣。”

“请问之。”曰:“恭、宽、信、敏、惠。恭则不侮,宽则得众,信则人任焉,敏则有功,惠则足以使人。”

【译文】

子张向孔子问仁。孔子说:"能够处处实行五种品德,便是仁人了。"

子张说:"请问哪五种?"孔子说:"庄重、宽厚、诚实、勤敏、慈惠。庄重就不致遭受侮辱,宽厚就能得到拥戴,诚实就被别人任用,勤敏就有大的贡献,慈惠就足以让人为你出力。"

17.7 佛肸召[①],子欲往。

子路曰:"昔者由也闻诸夫子曰:'亲于其身为不善者,君子不入也。'佛肸以中牟畔,子之往也,如之何?"

子曰:"然,有是言也。不曰坚乎,磨而不磷[②];不曰白乎,涅而不缁[③]。吾岂匏瓜也哉[④]?焉能系而不食?"

【注释】

①佛肸:晋国范中行的家臣,为中牟(晋邑,故址在今河北邢台、邯郸间)行政长官。赵简子攻打范中行,佛肸据中牟抗拒赵。肸,音 xī。

②磷:音 lìn,薄。

③涅而不缁:涅,音 niè,染黑;缁,黑。

④匏瓜:匏,音 hù,今写作"瓠",即葫芦,可系于腰凫水。

【译文】

佛肸叫孔子去,孔子打算动身。

子路说:"从前我听老师说过'亲自做坏事的人那里,君子是不去的'。如今佛肸盘踞中牟谋反,您却要去,如何解释?"

孔子说:"对,我说过这话。都说那坚硬的东西呀,磨也磨不薄;都说那洁白的东西呀,染也染不黑。我难道是个匏瓜,只能够挂在那里而不给人吃吗?"

17.8 子曰:"由也!女闻六言六蔽矣乎[①]?"对曰:"未也。"

“居！吾语女。好仁不好学，其蔽也愚；好知不好学，其蔽也荡；好信不好学，其蔽也贼；好直不好学，其蔽也绞[②]；好勇不好学，其蔽也乱；好刚不好学，其蔽也狂。”

【注释】

①言：这里指字；六言，即仁、知、信、直、勇、刚六字。

②绞：尖刻刺人。

【译文】

孔子说：“仲由哇，你听过那六字真言也会有六种弊病吗？”子路答道：“没有。”

孔子说：“坐下！我告诉你。爱仁德，而不爱学问，它的弊病就是愚蠢；爱玩弄小聪明，而不爱学问，它的弊病就是博闻而不精专；爱诚实，而不爱学问，它的弊病就是容易伤害他人；爱直率，而不爱学问，它的弊病就是出言尖刻刺人；爱勇敢，而不爱学问，它的弊病就是捣乱闯祸；爱刚强，而不爱学问，它的弊病就是容易与人冲突。”

17.9 子曰：“小子何莫学夫诗[①]？诗，可以兴[②]，可以观，可以群，可以怨[③]。迩之事父[④]，远之事君；多识于鸟兽草木之名。”

【注释】

①莫：没有人。

②可以：可以用它。可，可以；以，用。“以”的宾语没有出现。

③兴、观、群、怨：何晏《论语集解》引孔安国说：“兴，引譬连类。”引郑玄说：“观风俗之盛衰。”引孔安国说：“群居相切磋。怨，刺上政。”

④迩：音 ěr，近。

【译文】

孔子说：“学生们为什么没人学那诗歌？读诗，可以用它借景抒情，可以用它观察世俗，可以用它相互切磋，可以用它抨击时政。近呢，靠它侍奉父母；远呢，靠它服事君上；还可多多记住鸟兽草木的名称。”

17.10 子谓伯鱼曰：“女为《周南》《召南》矣乎[1]？人而不为《周南》《召南》，其犹正墙面而立也与[2]？”

【注释】

①《周南》《召南》：《诗经·国风》排在最前面的两个部分，《周南》有 11 首诗，《召南》有 14 首。

②正墙面而立：意思是说虽近在咫尺，却不能见，不能行。

【译文】

孔子对伯鱼说：“你学《周南》《召南》了吗？作为一个人，却不学《周南》《召南》，就好比面朝墙壁而站着吧！”

17.11 子曰：“礼云礼云，玉帛云乎哉？乐云乐云，钟鼓云乎哉？”

【译文】

孔子说：“礼呀礼呀，仅仅是指玉帛吗？乐呀乐呀，仅仅是指钟鼓吗？”

17.12 子曰：“色厉而内荏，譬诸小人，其犹穿窬之盗也与[1]？”

【注释】

①穿窬：穿，在墙上打洞；窬，音 yú，翻墙。

【译文】

孔子说：“某些人脸色严厉，内心怯懦，怕像个挖洞跳墙的小偷吧！”

17.13 子曰:“乡愿,德之贼也。”

【译文】

孔子说:“不分是非的好好先生是足以败坏道德的小人。”

17.14 子曰:“道听而途说,德之弃也。”

【译文】

孔子说:“听到小道消息就四处传播,这为有德者所不齿。”

17.15 子曰:“鄙夫可与事君也与哉[①]?其未得之也,患得之[②]。既得之,患失之。苟患失之,无所不至矣。”

【注释】

①可与事君:王引之《经传释词》谓“可与”即“可以”,误。与,介词,其宾语“之”未出现。介词“与”后的宾语常常不出现,特别是当它的宾语在前文出现过时。可与事君,即可与他一道侍奉君主。详见北大出版社《论语新注新译》这一章的“考证”(一)。

②患得之:古今诸多学者认为“得之”上脱去一“不”字,此说俨然已成定论。我们认为未必如此。1. 迄至战国晚期,文献中未见“不得之”。当“得”为“获得”“取得”义时,“得之”的否定形式都是“不得”;也即当时语言中不会出现“不得之”。2. 连词“既”两边的成分具有一致性。既然后句为“既得之”,前句就不可能是“患不得之”,而只能是“患得之”。3.《老子》十三章:“得之若惊,失之若惊,是谓宠辱若惊。”可知当时语言中有着与“患得患失”类似的说法。详见北大出版社《论语新注新译》这一章的“考证”(二)。

【译文】

孔子说:“乡巴佬,难道能同他一道侍奉君主吗?当他没得到的时候,会担心是否得到;已经得到,又担心是否失去。假如总担心失去,就什么事都做得出来了。”

17.16 子曰："古者民有三疾，今也或是之亡也，古之狂也肆，今之狂也荡；古之矜也廉[①]，今之矜也忿戾；古之愚也直，今之愚也诈而已矣。"

【注释】

①廉：本义是器物的棱角，引申为行为方正有威。

【译文】

孔子说："古代的人民还有三种〔可贵的〕毛病，现在呢，或许连这些也没有了。古代的狂人放言无忌，现在的狂人只是放荡无羁；古代矜持的人凛然不可冒犯，现在矜持的人却一味恼羞成怒；古代的愚人还直率，现在的愚人只是要要欺诈手段罢了。"

17.17 子曰："巧言令色，鲜矣仁！"[①]

【注释】

①此章与1.3重复。

【译文】

孔子说："花言巧语，满脸堆笑，这种人，是没有多少仁德的。"

17.18 子曰："恶紫之夺朱也[①]，恶郑声之乱雅乐也，恶利口之覆邦家者。"

【注释】

①紫之夺朱：春秋时，紫色已逐渐取代朱色的正色地位了。

【译文】

孔子说："我憎恶紫色夺去了大红色的光彩和地位，憎恶郑国的乐曲破坏了典雅的乐曲，憎恶伶牙俐齿颠覆国家的人。"

17.19 子曰："予欲无言。"子贡曰："子如不言，则小子何述焉?”子曰:“天何言哉? 四时行焉,百物生焉,天何言哉?”

【译文】

孔子说:“我想不说话了。”子贡说:“您假如不说话,那我们传述什么呢?”孔子说:“天说了什么呢,四季还是照样运行,万物还是照样生长,天说了什么呢?”

17.20 孺悲欲见孔子[①],孔子辞以疾。将命者出户[②],取瑟而歌,使之闻之[③]。

【注释】

①孺悲:鲁国人。

②将命者:孺悲派来的表达孺悲想见孔子的人。

③据孟子所说,这样做也是“教”的一种方法。

【译文】

孺悲要会晤孔子,孔子托言有病推辞。传命的人刚出房门,孔子便取下瑟边弹边唱,故意让他听见。

17.21 宰我问:“三年之丧,期已久矣。君子三年不为礼,礼必坏;三年不为乐,乐必崩。旧谷既没,新谷既升,钻燧改火[①],期可已矣[②]。”

子曰:“食夫稻[③],衣夫锦,于女安乎?”曰:“安。”

“女安,则为之! 夫君子之居丧,食旨不甘,闻乐不乐,居处不安[④],故不为也。今女安,则为之!”

宰我出,子曰:“予之不仁也! 子生三年[⑤],然后免于父母之怀。夫三年之丧,天下之通丧也,予也有三年之爱于其父母乎?”

【注释】

①钻燧改火:古代钻木取火,被钻的木,四季不同,一年一轮回。

②期:音 jī,一年。

③稻:古代北方稻的耕种面积很小,稻米自是珍品。

④居处不安:古代孝子要住在草棚里,睡草垫子,用土块做枕头。这里“居处”是指平日的居住生活。

⑤三年:三个年头。

【译文】

宰我问道:“父母死了,守孝三年,也似乎太久了。君子三年不习礼仪,礼仪一定会毁坏;三年不奏音乐,音乐一定会崩塌。陈谷既已吃完,新谷又已登场;打火用的燧木又经过了一个轮回,一年,应该是够了。”

孔子说:“吃着那白米饭,穿着那花缎衣,你就心安吗?”宰我说:“安。”

“你觉得安,你就这样做吧!君子守孝,吃美味不觉甘甜,听音乐也不快乐,住在家里不以为舒适,才不这样做。如今你既然心安理得,就去这样做好了。”

宰我退出去后,孔子说:“宰予真不仁哪!儿女生下来三个年头,才能脱离父母的怀抱。替父母守孝三年,天下都是这样的。宰予难道就没有从他父母那里得到三年怀抱的呵护吗?”

17.22 子曰:“饱食终日,无所用心,难矣哉!不有博弈者乎①?为之,犹贤乎已②。”

【注释】

①博:一种棋局。

②已:不动。

【译文】

孔子说:“整天吃饱了撑着,凡事不操心,不行的呀!不是有掷彩下棋的游戏吗?干干也比闲着好。”

17.23 子路曰："君子尚勇乎？"子曰："君子义以为上[①]，君子有勇而无义为乱，小人有勇而无义为盗。"

【注释】

①尚、上："尚勇"的"尚"和"上"相同，但用作动词。

【译文】

子路问道："君子崇尚勇敢吗？"孔子说："君子认为义是最值得崇尚的，君子只有勇，没有义，就会捣乱造反；小人只有勇，没有义，就会做土匪强盗。"

17.24 子贡曰："君子亦有恶乎[①]？"子曰："有恶：恶称人之恶者，恶居下流而讪上者[②]，恶勇而无礼者，恶果敢而窒者。"

曰："赐也亦有恶乎？""恶徼以为知者[③]，恶不孙以为勇者，恶讦以为直者[④]。"

【注释】

①恶：音 wù，厌恶，憎恶。

②居下流而讪上：流，晚唐以前的《论语》文本无此字，可见为衍文；讪，音 shàn，诋毁。

③徼：音 jiāo，徼袭，抄袭，据为己有。

④讦：音 jié，揭别人隐私。

【译文】

子贡说："君子也有所憎恶的事吗？"孔子说："有憎恶的事：憎恶专讲别人缺点的人，憎恶在下位而诋毁上级的人，憎恶勇敢却不懂礼节的人，憎恶勇于贯彻自己的主张，却顽固不化，一条道走到黑的人。"

孔子又说："赐，你也有所憎恶的事吗？"子贡随即答道："我憎恶抄袭别人的成果还自以为得计的人，憎恶毫不谦虚却自以为勇敢的人，憎恶揭发别人隐私却自以为直率的人。"

17.25 子曰："唯女子与小人为难养也[①]，近之则不孙，远之则怨。"

【注释】

①女子：据我们从《左传》《论语》中全面调查，这一时代"女子"含义和当今该词含义大致相当。可参见《左传》僖公元年、成公二年、襄公二十六年、定公五年相关文字。有的文章说"女子"意为"你的儿子""你这位先生"，大误。详见北大出版社《论语新注新译》这一章的"考证"。

【译文】

孔子说："只有女子和小人是难得打交道的，亲近了，他便无礼；疏远了，他又怨恨。"

17.26 子曰："年四十而见恶焉，其终也已。"

【译文】

孔子说："到了四十岁还被人厌恶，这个人的一生啊就算完了。"

【评鉴】

诗

《诗》是周代王公贵族奏乐时用的歌词。诗的体例有《风》《雅》《颂》，《风》是各诸侯国的地方诗歌，主要通过乐官采诗和地方献诗的途径收录；《雅》是王畿的诗歌，其中《大雅》主要为朝会、宴饮的歌词，《小雅》为贵族创作的诗歌；《颂》为祭祀用的歌词。今天我们看到的《诗经》，十五《国风》在章法体例上大体一致，这可能是周代乐官整理编修的结果，也可能是孔子的编撰所致。《汉书》记载"孔子删诗"，"删"是选编的意思。春秋末期，周王室东迁已久，礼崩乐坏，诗文散佚。《史记》记载孔子接触到的诗歌大约有三千首，孔子去其重复，选择那些思想纯正有利于实行礼教的诗文编撰成集，即所谓"诗三百，一言以蔽之曰，思无邪"(2.2)，数目正合于今天传世的《诗经》三百零五篇。未被选入的诗文即为"逸诗"，先秦文献中多有引用。

“采诗”的本意是记录风俗民情，编排成曲，供朝堂听闻，也用以教授贵族子弟。《诗经》所涉及的内容十分广博，包括史事、政事、战争、朝会以及民间生活的方方面面。《诗》的社会功能极为丰富，孔子总结出《诗》的作用有四种，即兴、观、群、怨（17.9）。“兴”是指赋《诗》调动情绪，抒发志向；“观”是指可以通过学习诗歌掌握知识，了解为人处世的道理；“群”是指诗歌可以用于社交场合；“怨”是指诗歌的内容可以用以讽刺现实，批判现实政治。学《诗》可以广博见识，所以孔子说“多识于鸟兽草木之名”。《诗》中多有先圣先贤之事，故而可以知“事父”“事君”的道理。《诗》在周代被使用得十分广泛，贵族社交常常引《诗》赋《诗》。《诗》在外交场合也十分有用，赋《诗》是外交礼仪的一部分，可以将己方意愿委婉暗示出来，不至于碰硬钉子下不来台。根据《左传》记载，郑国欲请鲁国出面协调与晋国的关系，郑大夫赋《小雅·鸿雁》，暗示郑国有难，盼望鲁国援助。鲁大夫季文子赋《小雅·四月》以示婉拒。郑大夫又赋《鄘风·载驰》再次恳求。季文子赋《小雅·采薇》表示愿意奔走。因为《诗》在社交场合有如此作用，所以孔子说“不学诗，无以言”（16.13）。

孔子教授《诗》一方面用它熏陶学生的性情，即“兴于《诗》”（8.8）。更重要的一方面是使用它的社会功能，强调如何活学活用，不限于诗文的本义。所以孔子说，一个人如果能够把“诗三百”背得烂熟，让他从政却干不来；让他出使外邦却说不好话，那又有什么用呢（13.5）。孔子与门弟子交流，也常常引《诗》。比如子贡引“如切如磋，如琢如磨”（1.15）意指砥砺人格；孔子用“绘事后素”来点评子夏引的《卫风·硕人》“巧笑倩兮，美目盼兮，素以为绚兮”（3.8），暗示子夏，接受礼仪的教化首先要有敦厚的品行。《诗》能够帮助在这个文化语境中的人更清楚地表达自己的思想。事实上《诗》是那个时代的文化母本之一，可以给人提供取之不尽用之不竭的智慧和启迪。

微子篇第十八

18.1 微子去之[①]，箕子为之奴[②]，比干谏而死[③]。孔子曰："殷有三仁焉。"

【注释】

①微子去之：微子，名启，纣王兄。之，指商纣王。

②箕子：纣叔父，数谏纣王，不听，佯狂为奴。

③比干：纣叔父，力谏纣王，被剖心致死。

【译文】

〔纣王荒淫残暴，〕微子便离开了他，箕子做了他的奴隶，比干进谏而被杀。孔子说："殷朝有三位仁人。"

18.2 柳下惠为士师，三黜。人曰："子未可以去乎？"曰："直道而事人，焉往而不三黜？枉道而事人，何必去父母之邦？"

【译文】

柳下惠当法官，多次被撤职。有人对他说："您不可以离开鲁国吗？"他说："正直地工作，到哪里去不多次被撤职？不正直地工作，用得着离开祖国吗？"

18.3 齐景公待孔子曰："若季氏，则吾不能；以季孟之间待之。"曰："吾老矣，不能用也[①]。"孔子行。

【注释】

①曰："吾老矣，不能用也"：这两句话有歧义：是齐景公说的，还是孔子说的，有不同解释；如果是齐景公说的，是景公说自己"不能用"，还是说不能用孔子，也

有不同解释。首先,我们认为是齐景公说的。因为,一是,如果这话是孔子所说,根据《论语》句例,作为主语的“子”或“孔子”必须在“曰”前出现。此处没有出现,所以,“吾老矣,不能用也”只能是前文出现的主语“齐景公”说的。二是,“吾老矣,不能用也”的下文“孔子行”也说明这句话不是孔子说的;否则,依《论语》句例,“孔子”不必出现。与之相关,本章“曰”之前没有出现的主语若是孔子,依当时句例,应当不是“孔子行”,而是“遂行”或“乃行”。其次,我们认为是齐景公说自己“不能用”。当时语言中,如果是景公说不能用孔子,则“用”之后要带宾语。详见北大出版社《论语新注新译》这一章的“考证”。

【译文】

齐景公讲到怎样对待孔子时说:“用鲁君对待季氏的规格,那我做不到;我要给他次于季氏而高于孟氏的待遇。”又说:“我老了,没什么作为了。”孔子便离开了齐国。

18.4 齐人归女乐[①],季桓子受之[②],三日不朝,孔子行。

【注释】

①归:通“馈”。

②季桓子:即季孙斯,时为掌握鲁国权柄的执政上卿。

【译文】

齐国送了许多歌姬舞女给鲁国,季桓子接受了,三天不问政事,孔子就离职走了。

18.5 楚狂接舆歌而过孔子曰[①]:“凤兮凤兮!何德之衰?往者不可谏,来者犹可追[②]。已而,已而!今之从政者殆而!”

孔子下,欲与之言。趋而辟之,不得与之言。

【注释】

①接舆:《论语》所记隐士皆非真名。如司门者谓之“晨门”,持杖者谓之“丈人”,被问津者谓之“沮”“溺”,接(靠近)孔子之舆(车子)者谓之“接舆”。

②犹可追:赶得上,来得及的意思。

【译文】

楚国的狂人接舆一边走过孔子车旁，一边唱着歌："凤凰啊凤凰，你的德行已经衰微。过去的不可劝止，未来的还可追回。罢手吧，罢手吧！如今的执政者岌岌可危！"

孔子下车，想和他谈谈，他却连忙躲开，孔子没和他谈成。

18.6 长沮、桀溺耦而耕①，孔子过之，使子路问津焉。

长沮曰："夫执舆者为谁②？"

子路曰："为孔丘。"

曰："是鲁孔丘与？"

曰："是也。"

曰："是知津矣。"

问于桀溺。

桀溺曰："子为谁？"

曰："为仲由。"

曰："是鲁孔丘之徒与？"

对曰："然。"

【注释】

①耦耕：古代一种人力耕田法，但春秋时已普及牛耕，这里的"耦耕"不过是二人做庄稼活罢了。从这一段到"丘不与易也"为一章，今为阅读方便，分为二节。

②执舆：驾车；因子路已下车，所以孔子代为驾驭。

【译文】

长沮、桀溺两人一同耕田，孔子从那儿路过，让子路去问渡口。

长沮问子路："那位驾车子的是谁？"

子路说："是孔丘。"

他又说："是鲁国的孔丘吗？"

子路说:“对呀。”

长沮说:“他嘛,早晓得渡口在哪儿了。”

又去问桀溺。

桀溺说:“您是谁?”

子路说:“我是仲由。”

桀溺说:“您是鲁国孔丘的门徒吗?”

答道:“是的。”

曰:“滔滔者天下皆是也,而谁以易之?且而与其从辟人之士也[①],岂若从辟世之士哉?”耰而不辍[②]。

子路行以告。

夫子怃然曰[③]:“鸟兽不可与同群,吾非斯人之徒与而谁与?天下有道,丘不与易也。”

【注释】

①而与其从辟人之士:而,同“尔”;辟,同“避”。

②耰:音 yōu,即播种之后,再以土覆之。

③怃然:怅惘失意貌;怃,音 wǔ。

【译文】

桀溺便说:“洪水猛兽遍天下,你们同谁去改革它呢?你与其跟着逃避坏人的人,为什么不跟着逃避人类社会的人呢?”说完,仍旧不停地干农活。

子路回来把这些报告给孔子。

孔子很失望地说:“我们既然不可以同鸟兽合群共处,若不同人类打交道,又同什么去打交道呢?如果天下太平,我就不会和你们一道来从事改革了。”

18.7 子路从而后,遇丈人,以杖荷蓧[①]。

子路问曰:"子见夫子乎?"丈人曰:"四体不勤,五谷不分,孰为夫子?"植其杖而芸。子路拱而立。

止子路宿,杀鸡为黍而食之,见其二子焉。

明日,子路行以告。

子曰:"隐者也。"使子路反见之。至,则行矣。

子路曰:"不仕无义。长幼之节,不可废也;君臣之义,如之何其废之?欲洁其身,而乱大伦。君子之仕也,行其义也;道之不行,已知之矣。"

【注释】

①蓧:音 diào,古代除草用的农具。

【译文】

子路跟随着孔子,掉了队,碰到一个老头儿,用拐杖挑着除草用的工具。

子路问道:"您看见了我的老师吗?"老头儿说:"一帮人〔从这路过〕,四肢不劳动,五谷不认识,其中谁是你的老师?"说完,便扶着拐杖去除草。子路拱着手恭敬地站着。

老头儿便留子路到他家住宿,杀鸡、做饭给子路吃,又叫他两个儿子出来相见。

第二天,子路追上孔子,报告了这件事。

孔子说:"这是位隐士。"叫子路返回去再看看他。子路到了那里,他却走开了。

子路便说:"不做官是不对的。长幼间的人伦,是不可能废弃的;君臣间的大义,怎么能不管呢?您原想洁身自好,却不知这样做便违反了君臣之间的大伦常。君子出来做官,只是为了尽应尽之责;至于我们的政治主张行不通,早就知道了。"

18.8 逸民[①]:伯夷、叔齐、虞仲、夷逸、朱张、柳下惠、少连[②]。子曰:"不降其志,不辱其身,伯夷、叔齐与!"谓:"柳下惠、少连,降志辱身矣,言中伦,行中虑,其斯而已矣。"谓:"虞仲、夷逸,隐居放言,身中清,废中权。我则异于是,无可无不可。"

【注释】

①逸民:隐逸之民。何晏《论语集解》:"逸民者,节行超逸也。"皇侃《论语义疏》:"逸民者,谓民中节行超逸不拘于世者也。"我们不取此说,因为终先秦之世,未见"逸"表"超逸"者。"逸"有"安逸"义,似乎与"超逸"义近,但多含贬义。《论语》时代"逸"最为常见的义位是"逃逸",进而引申出"隐逸"义。而伯夷、叔齐、柳下惠诸人均为隐逸不仕者。上文的长沮、桀溺就是所谓"逸民"。详见北大出版社《论语新注新译》这一章的"考证"。

②虞仲、夷逸、朱张、少连:四人言行多已不可考。

【译文】

古今隐逸不仕的贤人有伯夷、叔齐、虞仲、夷逸、朱张、柳下惠、少连。孔子说:"不动摇自己意志,不辱没自己身份的,是伯夷、叔齐吧!"又说:"柳下惠、少连降低自己意志,辱没自己身份了,可是言语合乎法度,行为经过思虑,那也不过如此罢了。"又说:"虞仲、夷逸避世隐居,放肆直言。行为廉洁,被废弃的是他的权术。我就和他们这些人不同,没有什么可以,也没有什么不可以。"

18.9 大师挚适齐[①],亚饭干适楚[②],三饭缭适蔡[③],四饭缺适秦,鼓方叔入于河,播鼗武入于汉[④],少师阳、击磬襄入于海[⑤]。

【注释】

①大师挚:可能是《泰伯篇》中的"师挚"(8.15),即鲁国太师。如果这样,下文的各人也都是鲁国乐官。

②亚饭:古代天子诸侯用饭要奏乐,所以乐官有"亚饭""三饭""四饭"之名。

③缭:音 liáo。

④鼗:音 táo,有柄的小鼓。

⑤磬:音 qìng,石制的乐器,形状似矩。

【译文】

太师挚逃到了齐国,亚饭乐师干逃到了楚国,三饭乐师缭逃到了蔡国,四饭乐师缺逃到了秦国,打鼓的方叔入居黄河之滨,摇小鼓的武居汉水之涯,少师阳和击磬的襄入居海边。

18.10 周公谓鲁公曰[①]:“君子不施其亲[②],不使大臣怨乎不以。故旧无大故[③],则不弃也。无求备于一人。”

【注释】

①鲁公:周公旦的儿子伯禽。

②施:通“弛”。

③大故:孔安国说:“大故,谓恶逆之事也。”即不忠不孝之事。详见北大出版社《论语新注新译》这一章的“考证”。

【译文】

周公对鲁公说道:“君子不怠慢他的亲族,不让大臣抱怨没被信用。老臣故人没有不忠不孝,就不抛弃他。不要对某一人求全责备!”

18.11 周有八士:“伯达、伯适、仲突、仲忽、叔夜、叔夏、季随、季騧[①]。”

【注释】

①此八人已无可考;騧,音 guā。

【译文】

周朝有八个有教养的人:“伯达、伯适、仲突、仲忽、叔夜、叔夏、季随、季騧。”

【评鉴】

逸民

本篇主要记录孔子对“逸民”的看法以及与“逸民”接触的事迹。“逸民”即隐士，孔子对逸民的态度总体上说是推崇的，每每听闻有“逸民”在左近，总是想去见上一面，但往往不可得。《尧曰篇》记录的周初的诰文有“举逸民”(20.1)一说，让隐居的贤者出山从政是政治清明的象征。

本篇第八章孔子总结出三种“逸民”，其实也是君子行乎乱世的三种处世方式。其一是坚持自身道德操守，洁身自好，不曲意逢迎；其二是在坚持道德底线的基础上尽可能地适应时局，虽不至同流合污，但是难免招致羞辱；其三是隐居世外，畅快逍遥。伯夷、叔齐即为隐士。本篇第一章中的箕子、比干近于第一种，他们虽都是在位者，结果却一囚一死。孔子的学生冉有近乎第二种，因为迎合季氏为孔子所不喜。本篇提到的楚狂接舆、长沮、桀溺与“丈人”是第三种，孔子对他们一方面向往，但始终“异于是”。相比于三者，孔子的境界更加高明，他始终是在仕与不仕之间，根据具体情况做出选择。三者都未臻善境，原因在于他们不能做到“毋意，毋必，毋固，毋我”(9.4)，觉得自己是某一类人，必须要做或者必须不做某一类事，往往就使得自己陷入两难，只能以殉道或者遁世等极端的方式回应。从更高的层面看，其实孔子也有“意必”，即“知其不可而为之”(14.38)，坚守道义也是一种“意必”。但孔子的“意必”不是他个人的“意必”，而是任何一个有限的个体面对无限的外部环境与无限的理想事业之间不可调和的矛盾。孔子正是直面了这种矛盾：一方面坚持理想，一方面不因理想难以实现而惶惶不可终日，反倒是享受“饭疏食，饮水，曲肱而枕之”(7.16)的义理之乐。这正是孔子超脱于凡人的地方，孟子感叹“自生民以来未有夫子也”(《公孙丑上》)，也正是因为这一点。

孔子总结君子躲避污浊外部环境的四种层次，即“辟世”“辟地”

“辟色”“辟言”(14.37)。这四者看似有贤愚之别,其实不然。本篇第六章,桀溺对子路说,你跟着一个躲着人的人,还不如跟着我们这些躲避社会的人。躲着人并不就比躲着社会境界低,“辟”或者“隐”不是孔子的价值追求,而是保全自身的权宜之策。孔子主张的是一种中庸的处世智慧,在“枉”与“直”之间进退有度,在“仕”与“隐”之间自处从容。

子张篇第十九

19.1 子张曰："士见危致命，见得思义，祭思敬，丧思哀，其可已矣。"

【译文】

子张说："士人看见危险便肯献出生命，在利益面前考虑是否该得，祭祀时想到要严肃恭敬，居丧时记着要悲痛哀伤，那也就可以了。"

19.2 子张曰："执德不弘①，信道不笃，焉能为有？焉能为亡？"

【注释】

①弘：大。用以表程度。有人说这里应该用"强"而不该用"大"来表程度，这是用现代汉语的语言表达习惯去解释古汉语，当然不对；但翻译为"强"是可以的。

【译文】

子张说："对德行的秉持不坚定，对道义的信守不执着，〔这种人，〕有他也可，无他也可。"

19.3 子夏之门人问交于子张。子张曰："子夏云何？"

对曰："子夏曰：'可者与之，其不可者拒之。'"

子张曰："异乎吾所闻：君子尊贤而容众，嘉善而矜不能。我之大贤与，于人何所不容？我之不贤与，人将拒我，如之何其拒人也？"

【译文】

子夏的学生向子张请教怎样交朋友。子张说:“子夏说了些什么?”

答道:“子夏说,可以交的结交他,不可以交的拒绝他。”

子张说:“这不同于我所听到的:君子尊敬贤人,也容纳普通人;鼓励好人,可怜无能的人。我是大好人吗,什么人容不下呢? 我是坏人吗,别人将拒绝我,我还如何去拒绝别人呢?”

19.4 子夏曰:“虽小道,必有可观者焉;致远恐泥,是以君子不为也。”

【译文】

子夏说:“即便是小技艺,也一定有可取之处;恐怕它影响远大目标,所以君子不去从事。”

19.5 子夏曰:“日知其所亡,月无忘其所能,可谓好学也已矣。”

【译文】

子夏说:“每天学习所未知的,每月复习所掌握的,就可以说是好学了。”

19.6 子夏曰:“博学而笃志[①],切问而近思,仁在其中矣。”

【注释】

①笃志:笃于其志,坚守自己的志向。详见北大出版社《论语新注新译》这一章的“考证”。

【译文】

子夏说:“广泛地学习,坚守自己的志向;恳切地发问,多考虑当前的问题,仁德就在这中间了。”

19.7 子夏曰:“百工居肆以成其事,君子学以致其道。”

【译文】

子夏说:“工匠们在工棚里完成他们的任务,君子则通过学习来求得真理。”

19.8 子夏曰:“小人之过也必文。”

【译文】

子夏说:“小人对于错误必加掩饰。”

19.9 子夏曰:“君子有三变:望之俨然,即之也温,听其言也厉。”

【译文】

子夏说:“君子有三变:远望着庄严令人敬畏;走近又显得和蔼可亲;听他说话,则严厉不苟。”

19.10 子夏曰:“君子信而后劳其民;未信,则以为厉己也。信而后谏;未信,则以为谤己也。”

【译文】

子夏说:“君子得到信任后才劳役人民;得不到信任,会以为你在折磨他们。也必须得到信任后才劝告父母或君上;得不到信任,会以为你在毁谤他。”

19.11 子夏曰:“大德不逾闲[①],小德出入可也。”

【注释】

①闲:栅栏,此指一定的范围。

【译文】

子夏说："人的重大节操不能逾越界限，生活小节上稍微放松一点是可以的。"

19.12 子游曰："子夏之门人小子①，当洒扫应对进退，则可矣——抑末也，本之则无。如之何？"

子夏闻之，曰："噫！言游过矣！君子之道，孰先传焉？孰后倦焉？譬诸草木，区以别矣。君子之道，焉可诬也？有始有卒者，其惟圣人乎！"

【注释】

①门人小子：此四字古来连读。清代武亿、潘维城等认为："'小子'即'门人'，经文复出，无谓矣。"程树德也说："此小子即门人也。古人无此累赘重复文法。"他们都主张在"小子"后点断，作"子夏之门人，小子当洒扫应对进退"。按，古人有此文法，且并非"累赘重复"，而是一种修辞手法，可加强表达效果。相关书证不少。详见北大出版社《论语新注新译》这一章的"考证"。

【译文】

子游说："子夏的学生，叫他们做做打扫、接待客人、应对进退的工作，是可以的；不过这都只是末节，学术的根本他们却缺乏。这怎么可以呢？"

子夏听了这话，便说："嗨！言游说错了！君子的学术，哪一项先传授，那一项后讲述呢？学术好比草木，是要区别为各种各类的。君子的学术，如何可以歪曲？〔按部就班，循序渐进传授学术而〕有始有终的，大概只有圣人吧！"

19.13 子夏曰："仕而优则学①，学而优则仕。"

【注释】

①优：优游，得闲，得空。

【译文】

子夏说："做官了，有空闲便去学习；学习了，有空闲便去做官。"

19.14 子游曰："丧致乎哀而止。"

【译文】

子游说："居丧，真正做到了哀伤也就够了。"

19.15 子游曰："吾友张也为难能也，然而未仁。"

【译文】

子游说："我的朋友子张是难能可贵的了，然而还算不上仁。"

19.16 曾子曰："堂堂乎张也，难与并为仁矣。"

【译文】

曾子说："子张真够得上是威仪堂堂了，难以携带别人一同进入仁德。"

19.17 曾子曰："吾闻诸夫子：人未有自致者也，必也亲丧乎！"

【译文】

曾子说："我听老师说过，平常时候，人的感情不可能自动地充分得以发挥，如果有，那一定是父母亡故的时候吧！"

19.18 曾子曰："吾闻诸夫子：孟庄子之孝也[①]，其他可能也；其不改父之臣与父之政，是难能也。"

【注释】

①孟庄子：鲁大夫孟献子仲孙蔑之子，名速。这一章当与"三年无改于父之

道,可谓孝矣”(1.11)结合看。

【译文】

曾子说:“我听老师说过:孟庄子的孝,别的都容易做到;而他留用父亲的旧臣,保持父亲的旧政,这是难以做到的。”

19.19 孟氏使阳肤为士师①,问于曾子。曾子曰:“上失其道,民散久矣②。如得其情③,则哀矜而勿喜!”

【注释】

①阳肤:曾子的弟子。

②民散:与“民处”“民聚”意义相反,指人民流离失所。《管子·七法》:“百姓不安其居则轻民处而重民散。轻民处,重民散,则地不辟。”《礼记·大学》:“是故财聚则民散,财散则民聚。”有些《论语》注本说“民散”是“百姓离心离德”,不确。详见北大出版社《论语新注新译》这一章的“考证”。

③情:实情,真实情形。

【译文】

孟氏任命阳肤为法官,阳肤向曾子求教。曾子说:“在上位的人胡作非为,百姓早就流离失所了。你如果能够审出罪犯的真实情形,便应该抱着同情的态度,千万别以此为乐!”

19.20 子贡曰:“纣之不善①,不如是之甚也。是以君子恶居下流,天下之恶皆归焉。”

【注释】

①纣:即帝辛,殷商最末之君,为周武王所伐,自焚死。

【译文】

子贡说:“商纣的坏,不像现在传说的这么厉害。所以君子憎恶居于下流,一居下流,天下的坏事都归结于他了。”

19.21 子贡曰："君子之过也，如日月之食焉：过也，人皆见之；更也，人皆仰之。"

【译文】

子贡说："君子的过失好比日食月食：犯错的时候，人们都能看见；改正的时候，人们都很敬仰。"

19.22 卫公孙朝问于子贡曰①："仲尼焉学？"子贡曰："文武之道，未坠于地，在人。贤者识其大者，不贤者识其小者。莫不有文武之道焉。夫子焉不学，而亦何常师之有？"

【注释】

①卫公孙朝：公孙朝，人名；言卫公孙朝者，以别于鲁、楚、郑诸国之公孙朝也。

【译文】

卫国的公孙朝向子贡问道："孔仲尼的学问是从哪里学来的？"子贡说："周文王周武王的道，并没有失传，散在人间。贤能的人便抓住大处，不贤能的人只抓些末节。文王武王之道无处不在。我的老师何处不学，又为什么要有一定的老师、专门的传授呢？"

19.23 叔孙武叔语大夫于朝曰①："子贡贤于仲尼。"

子服景伯以告子贡。

子贡曰："譬之宫墙②，赐之墙也及肩，窥见室家之好。夫子之墙数仞③，不得其门而入，不见宗庙之美，百官之富④。得其门者或寡矣。夫子之云，不亦宜乎！"

【注释】

①叔孙武叔：鲁大夫，名州仇。

②宫墙：围墙。

③仞：合当时七尺，约等于今161厘米。

④百官：俞樾及杨树达先生谓"官"字的本义是房舍，其后才引申为官职之义，说见《群经平议》和《积微居小学金石论丛》。但《积微居小学金石论丛》未引《论语》此例；而杨树达先生《论语疏证》亦未提及此例。经典中"百官"所在多有，均指众官吏。根据语言的社会性原则，我们仍解释此例"百官"为"众官吏"。

【译文】

叔孙武叔在朝堂之上对众官员说："子贡比仲尼还要强些。"

子服景伯便把这话告诉了子贡。

子贡说："把这事儿比作围墙吧：我家的围墙只能齐肩，谁都能一望而知房屋的美好。我老师的围墙高达数丈，找不到大门进去，就看不到那宗庙的雄伟，百官的富赡。能够找到大门的人或许不多吧，那么，武叔他老人家说这话，不是很自然吗？"

19.24 叔孙武叔毁仲尼。子贡曰："无以为也！仲尼不可毁也。他人之贤者，丘陵也，犹可逾也；仲尼，日月也，无得而逾焉。人虽欲自绝，其何伤于日月乎？多见其不知量也[①]。"

【注释】

①多：程度副词，与"多行不义必自毙"的"多"用法一样；可翻译为"足以""确实"。有的《论语》注本依王引之《经传释词》说"多"表示"只"，不确。详见北大出版社《论语新注新译》这一章的"考证"。

【译文】

叔孙武叔毁谤仲尼。子贡说："不要这样做！仲尼是骂不倒的。别人的贤能，好比山丘，还可以越过去；仲尼，简直是太阳和月亮，是不可逾越的。一个人纵然要自绝于太阳月亮，那对太阳月亮有什么损害呢，足以显示他不自量罢了。"

19.25 陈子禽谓子贡曰："子为恭也，仲尼岂贤于子乎？"

子贡曰："君子一言以为知，一言以为不知，言不可不慎也。夫子之不可及也，犹天之不可阶而升也。夫子之得邦家者，所谓立之斯立，道之斯行，绥之斯来，动之斯和。其生也荣，其死也哀，如之何其可及也。"

【译文】

陈子禽对子贡说："您太谦虚了，仲尼难道比您还强吗？"

子贡说："有身份的人可以因一句话表现出他的智慧，也可因一句话表现出他的无知，所以说话不可不谨慎。他老人家的遥不可及，好比不可以踏着台阶上青天。他老人家若能君临一方，有所树立必能卓然而立，有所引导必能闻风而行，有所安抚必能扶老携幼而至，有所役使必能协力同心而为；活着时万民拥戴，逝去了四海悲哀，又如何能赶得上呢？"

【评鉴】

仲尼弟子

本篇主要记载孔子身后几位重要弟子的言行。

通观《论语》，多有弟子问学事，但散见于各处，又缺少上下文参考，所以读者对于孔门弟子的行状学问往往不甚了了。本篇应当是《论语》的编撰者刻意汇集拢来，希望读者对孔子门下影响最大的几位弟子有所了解，有所评判。

通篇最有趣的当是子张、子夏、子游、曾子关于为人治学的不同主张。子张批评子夏与人结交过于自我。子游批评子夏授徒过于细碎，缺乏一以贯之的主旨。子游、曾子批评子张未至于仁德，也无益于他人提升品格。从这些往来中我们大致可以看出来子张是一个善于与人相处的人，曾子说"堂堂乎张也"，大约是他做到了诸如"君子不重则不威"一类端正仪容色貌的事情，很有君子风度，但在"躬行君子"(7.33)方面做得不够，可能学问也一般。孔子说"师也辟"(11.18)，意思是子张注重外在容止，在正心诚意方面有所欠缺。从

《论语》记录的子张向孔子的提问中也可以看出来,他问的多是事务性的问题,而孔子总是从“反求诸己”的方面回答(12.15、2.18、12.21),大概是看到了子张的不足,有意引导他多在自身德业上下功夫。子张一派在战国时期有一定影响,荀子在《非十二子》文末(子张、子夏、子游三派无资格列入“十二子”,只是顺带着批评),批子张一派为“贱儒”,说他们只学到了圣人的表象,只懂得在外貌上下功夫。

子夏和子游都被列入了“孔门十贤”,是文学科的代表。从子张对子夏的批评来看,子夏大概有些类似于今天的书呆子、工科男,不大懂得与人打交道,比较木讷。他问孔子的问题也多与学术有关,樊迟问他“举直错诸枉,能使枉者直”(12.23)是什么意思,他以舜举皋陶的典故来解释,可见子夏既博学,且崇尚知识。子游对子夏的批评应该也是到位的,子夏可能缺乏夫子“一以贯之”之道,博而不通。孔子提醒子夏“无为小人儒”,意思是,你别做个只知道寻章摘句的书呆子。《史记·仲尼弟子列传》记载子夏因为儿子亡故,悲伤过度哭瞎了双眼,可能在心性修养上确有不足。

子游在《论语》里出场不多,相关史料也缺乏,从他批评子夏看来,可能较子夏而言多务于“通”的一方面,这与荀子的评价相合。子夏、子游也都是荀子口中的“贱儒”,荀子批评子夏一派只知道在细枝末节上下功夫,连话都说不好;批评子游一派不重视实务,懒惰而讲究,品行不佳。从荀子的批评来看,子夏可能学到的是孔子“刚、毅、木、讷近仁”(13.27)的一面;而子游学到的是“君子多乎哉?不多也”(9.6)的一面。孟子的评论则远较荀子宽厚,他说子夏、子游、子张都具备了孔子某一个方面的品质,而冉伯牛、闵子骞和颜回(此三人都属于德行科)则具备了圣人的大概,只不过规模小些罢了(《公孙丑上》)。曾子是孔子学生中对后世影响最大的。《论语》中孔子的学生都以字来记录,唯独曾子和有子以姓加“子”来记录,可见《论语》的编撰者最为推崇曾子与有子。《史记·仲尼弟子列传》记载有子因为貌似孔子,所以孔门弟子以师礼事之。曾子以孝行名世,孔子命他研究孝道,著有《孝经》。《礼记·大学》据说也是曾子的作品。曾子还是孔子的孙子孔伋的老师。孔伋就是子思子,根据《荀子·非十二子》记载,子思著有《五行篇》(1993年湖北荆门出土的郭店楚简中有此篇。"五行"即五种德行:仁、义、礼、智、圣。子思还注意区分了"行"和"德之行",认为是道德规范的两种层次),他的思想为孟子所继承。孔子说"参也鲁"(11.18),但曾子善于反省,宋明儒特别推崇曾子"反求诸己"的精神,认为他才是最得孔子真传的弟子。《论语》记录的曾子语录都极为精彩,不看章首只看语录,难以区分是孔子语还是曾子语。

本篇末四章是子贡追誉孔子的语录。子贡是晚于孔子辞世的学生中跟老师感情最深的,《史记·孔子世家》记载,孔子辞世,弟子守孝三年,子贡守孝六年。子贡是孔子学生中能力最强,事业最大的。他善于经商,财力雄厚;精于从政,官至鲁相。子贡口才极佳,是外交领域的天才。《史记·仲尼弟子列传》记载,齐国加兵于鲁,子贡欲救鲁国于将亡。他先是入齐军,以私利说服将军田恒按兵不动,等待吴国攻齐。然后去吴国劝说吴王攻齐救鲁。吴王担心越王趁虚而入,子贡自告奋勇替吴国出使越国。子贡到越国让越王假意示好,等吴军败了再攻吴。子贡回禀吴王之后去晋国,提醒晋君,吴军击败齐军之后必来犯境,须修兵备战。其后,吴王果然发兵破齐,然后转攻晋国,晋国以逸待劳击败吴军,吴军败归迎战越军,最后吴王城破身死。子贡出国一趟鲁国得救,齐国削弱,晋国巩固,吴国灭亡,越国称霸。子贡才华横溢,权重官高,所以时人常以为子贡贤于乃师孔子。但子贡辩才无碍,他将孔子的才学比喻成宫墙、日月、天空,不能逾越,无法企及。孔子的影响力如此之大,很大的原因是有子贡这样一位高足在为之弘扬。

尧曰篇第二十

20.1 尧曰："咨！尔舜！天之历数在尔躬，允执其中。四海困穷，天禄永终。"舜亦以命禹[①]。

【注释】

①此章文字前后不相连贯，疑有脱落，今分作六节，以便观览。

【译文】

尧〔让位给舜的时候，〕说道："啧！你这舜哪！上天的大命已经轮到你身上了，切实掌持那正确航程吧！如果天下的百姓都困苦贫穷，上天给你的禄位也会永远终止。"

舜让位给禹的时候，也说了这番话。

曰："予小子履敢用玄牡[①]，敢昭告于皇皇后帝[②]：有罪不敢赦，帝臣不蔽，简在帝心[③]。朕躬有罪，无以万方；万方有罪，罪在朕躬。"

【注释】

①予小子履敢用玄牡：予小子，同"予一人"，上古帝王自称之词；履，汤的别名；玄，黑；牡，母牛。

②皇皇后帝：皇皇，光明伟大的样子；"后"和"帝"同义，都是帝王的意思。注意，转换为繁体字时，这个意义的"后"依然是"后"，不能转换为"後"；前后、先后、后面、然后的"后"的繁体字才是"後"。

③帝臣不蔽，简在帝心：帝臣，天子之臣。不蔽，不蔽其善。简，检阅，明白。此句谓众臣之善我也不隐瞒掩盖，您心里是清楚明白的。有的《论语》注本解"不蔽"为不掩饰罪恶，但经籍中言"不蔽"者，多为不蔽其善、其贤、其能。详见北大出版社《论语新注新译》这一节的"考证"。

【译文】

〔汤〕说:“我后生晚辈履谨用黑色牡牛作牺牲,斗胆明白无误地禀告光明伟大的天帝:有罪的人〔我〕不敢擅自去赦免他,诸臣工〔的好处〕我也不隐瞒掩盖,您心里应该是清楚明白的。我本人若有罪,就不要牵连天下万方;天下万方若有罪,都归我一人来承担。”

周有大赉①,善人是富。“虽有周亲,不如仁人。百姓有过,在予一人②。”

【注释】

①赉:音 lài,赐予。

②此四句为周武王封诸侯之辞。

【译文】

周朝大举封赏天下,要使善人都富起来。“我虽然多有至亲,却不如多有仁人。百姓如果有过错,责任由我来担承。”

谨权量,审法度①,修废官②,四方之政行焉。兴灭国,继绝世,举逸民,天下之民归心焉。

【注释】

①谨权量,审法度:权,衡轻重者;量,衡体积者;法度,衡长短者。

②此九字以下是孔子的话。

【译文】

谨慎对待度量衡,详细审定法令制度,修复弃置的职官,全国的政令就畅通了。复兴灭绝的国家,承续断绝的后代,提拔隐逸的人才,天下的百姓就都会心悦诚服了。

所重:民、食、丧、祭。

【译文】

所重视的：人民、粮食、丧礼、祭祀。

宽则得众，信则民任焉[①]，敏则有功，公则说[②]。

【注释】

①此五字为衍文。

②《尧曰篇》第一章到此结束。

【译文】

宽厚就会得到群众的拥护，勤敏就有大的贡献，公平就会使百姓高兴。

20.2 子张问于孔子曰[①]："何如斯可以从政矣？"子曰："尊五美，屏四恶，斯可以从政矣。"

子张曰："何谓五美？"子曰："君子惠而不费，劳而不怨，欲而不贪[②]，泰而不骄，威而不猛。"

【注释】

①从这句到"出纳之吝谓之有司"为一章，今分为二节。

②欲：指欲得仁义，从下文"欲仁而得仁，又焉贪"可知。

【译文】

子张问孔子说："要怎样才可以治理政事呢？"孔子说："尊尚五美，摒弃四恶，这样就可以治理政事了。"

子张说："什么叫'五美'？"孔子说："君子施惠于人，自己却没破费；役使百姓，百姓却不怨恨；希望获得，却又不是贪婪；矜持自负，却不盛气凌人；威仪堂堂，却不凶猛吓人。"

子张曰："何谓惠而不费？"

子曰："因民之所利而利之，斯不亦惠而不费乎？择可劳而劳之，又谁怨[①]？欲仁而得仁，又焉贪？君子无众寡，无小大，无敢慢，斯不亦泰而不骄乎？君子正其衣冠，尊其瞻视，俨然人望而畏之，斯不亦威而不猛乎？"

子张曰："何谓四恶？"

子曰："不教而杀谓之虐；不戒视成谓之暴；慢令致期谓之贼；犹之与人也，出纳之吝谓之有司[②]。"

【注释】

①又谁怨：上古汉语疑问代词作宾语时，通常置于谓语动词的前面；副词"又"通常都紧接谓语动词，通常都位于主语后面——即主语通常位于副词"又"的前面。本例的"谁"位于动词前面，"又"的后面，当然是宾语而非主语。因此，"又谁怨"意为"又怨恨谁呢"。《述而》："求仁而得仁，又何怨？"(7.15)，句中"何"当然是宾语，疑问代词"何"正处在本章疑问代词"谁"的语法位置上。下文"又焉贪"也是如此。好些《论语》注本把"谁"理解为主语，将"又谁怨"译作"又有谁来怨恨呢""谁还会怨恨呢"，实误。详见北大出版社《论语新注新译》这一节的"考证"。

②出纳之吝谓之有司：出纳，这里用作偏义复词，只有"出"的意义；有司，古代管事者，职务卑微。

【译文】

子张说："您说的'施惠于人，自己却没破费'等等，是什么？"

孔子说："顺应大众的利益而使他们得利，这不是施惠于人自己却没破费吗？选择可以役使的时机去役使百姓，他们又会怨恨谁呢？追求仁德又得到了仁德，还贪求什么呢？无论人多人少，无论势力大小，都不怠慢他们，这不就是虽然矜持自负却不盛气凌人吗？君子衣冠整齐，目不斜视，庄严地使人望之顿生敬畏之心，这不是威严却不凶猛吗？"

子张说："什么是四恶？"

孔子说："不教育便杀戮叫作'虐'；不申诫只看成绩叫作'暴'；起先懈怠，突然限期叫作'贼'；以给人财物作比方，出手悭吝，就等于把当政者降格为经管人员了。"

20.3 孔子曰："不知命，无以为君子也；不知礼，无以立也；不知言，无以知人也。"

【译文】

孔子说："不懂命运，不可能成为君子；不懂得礼，不可能立足社会；说话不得体，没办法了解别人。"

【评鉴】

命、天、天命

"命"或"天命"在孔子的思想中是极重要的，欲了解"命"的真切意涵，需要把握一对矛盾，即有限与超越。有限指的是个体的局限性。人的局限性毋庸多言，人人都有体会。寿命有限，生活空间有限，出生在什么样的环境、什么样的时代是不由自主的。人又可以一定程度上超出自身的有限性。人不是普通的自然物，人有智慧，能丰富自身，能改造环境。我们不能突破命限，但可以丰满生命的维度；我们不能选择出生的环境、时代，但可以择善而居，也可以改变周围的环境甚至开辟一个新的时代。孔子对人的有限与超越有着很深的体认，他发现一个人的品德智虑越高，就往往更能正视自己的有限，进而超越自身的有限。孔子强调"君子不器"（"器"意味着有限 2.12）"观过知仁"（人有局限所以会犯错，改过自新就是突破有限 4.7）"不改其乐"（安于贫贱就是正视有限，不事遮掩，同时不妨害自己无限的一面，通过学习丰富自身 6.11），反对"怀土""怀居"（对生存环境的眷念会拖累人超越有限 4.11、14.2），就是希望人能通过完善自己的品德，从而超越有限的束缚，通向更高明的境界。

实现"仁"的方法是"己欲立而立人，己欲达而达人"（6.30），从个体(的欲望)走向他者(的福祉),欲望升华为德行,这就是从有限走向超越,“仁”正是这样一种“内在超越”的德行。“仁”是就道德实践者自身而言,“命”则是就道德实践者对外部的观察和体认而言。

天、帝、后的观念由来已久,指的是绝对无限的存在,既是存在的依据,又是价值(道德)的来源。天和帝、后又不同,帝、后有人格神的意味。殷商之前多言帝、后,是外在的绝对无限,和人没有直接的关系——如果说有关系,也只是和统治者,即天子有关,是政权合法性的依据。到了周代,有了“皇天无亲,惟德是辅”(《尚书·蔡仲之命》)的观念,天被赋予了道德性,所以要“以德配天”(《诗经·大雅·文王》)。本篇第一章说的“谨权量、审法度、修废官”“兴灭国、继绝世、举逸民”等,就是要通过美好的政治举措回报天命。孔子基本继承了周代的天命观,同时又打破了天命只与统治者挂钩的局限,主张有德者可以“知天命”(2.4),这时的天既是外在的规律性的存在,又与每个人挂钩,提供价值的指引。有道德的人可以从天那里获得指引,比如“唯天为大,唯尧则之”(8.19),但天不可以通过学习把握,而是要在道德实践中不断体认,所以尽管《论语》中时有提及“天”与“天命”,但都是孔子经由自身体认而发出的感慨,没有系统的论说。孔子对于天、天命是信而不论、崇而不论的。

“天命”是天的命令,这种命令不是直接的,孔子说“天何言哉”(17.19),人只能通过对天养育万物的观察,对人类历史的发展窥见一斑。具体到人的实践,人需要了解什么样的选择是符合天命这一最高价值的。这是具体的智慧,需要通过道德实践细细领会,不可能一概而论。孔子的信仰是天“未丧斯文”(9.5),人类的历史总是向善的,“郁郁乎文哉”(3.14)的周代礼乐文明不会消灭。这不仅仅是对历史趋势的判断,信仰终归是要落实到自身的,即“天生德于予”(7.23),要通过“为之不厌”(7.34)的实践去打破有限,追求天命所赋予的无限。天是无限的,但人却有有限性的一面,人的有限性也是天赐的，在《论语》中以“命”的形式出现，比如“死生有命”(12.5)。孔子也会发出“吾已矣夫”(9.9)的浩叹，感慨终己一生无法恢复“斯文”了；但如果“斯文”终究不丧的话，这项事业仍然会继续下去，所以要“知其不可而为之”(14.38)。君子之道就是要正视有限，安于有限，并希求超越。最能表现孔子通达于有限与超越的一句话是“发愤忘食，乐以忘忧，不知老之将至”(7.19)，这正是孔子一生的写照。

在物质文明高度发达的今天，古人观念中的“有限”很多已被超越，但这仅仅是物质的超越，精神的超越在今天反而变得日益匮乏。很多人会问超越精神到底有何意义，过好日常生活不就好了吗？的确，任何道德实践都离不开日常生活，但如果总是在日常生活中打转，人的生命就会停滞、困顿、失去活力。一个长期两点一线，从事简单重复工作的人会更容易觉得生活烦闷，他会渴望不同，比如一次旅行，去接受不一样的生活体验。但旅行只是治标之策，人如果不能在精神上打破有限，就只能在困顿中循环，不断用外界的刺激补偿自身的无助。超越精神包含着对未知领域的敬畏与向往，人丧失对超越的向往就容易陷于一时一地的得失，变得目光短浅，没有前进的方向。人性当中本有对超越的企望，忽视它同时也就失去了面对有限性的坦然。好比一个有着致富梦想却每月只拿固定工资的人，他希望过好的生活往往就会打肿脸充胖子；而那些真的为了致富而奋斗的人，即便暂时生活还不如那个拿固定工资的人，反而可以活得更加坦然自信。古今中西，很多崇高的德行往往都有宗教的背景，有一定的信仰作为基础，而在宗教精神日益淡漠的今天，崇高逐渐成为个性的东西，不具备普遍的感召力。这是时代的缺失与遗憾。孔子的“仁”论与天命观正可以补足我们今天信仰的缺位，这是读者学习《论语》应当再三致意的。

《论语》中的成语、熟语

不亦乐乎:不是很快乐吗?后来一是表示非常快乐;二是表示程度深,如说:“最近忙得不亦乐乎。”出自《学而》(1.1)。

犯上作乱:触犯上级而造反。出自《学而》(1.2)。

巧言令色:花言巧语,面容伪善。出自《学而》(1.3)。

三省吾身:多次反省自己。三,多次。省,音 xǐng,反省。出自《学而》(1.4)。

行有余力:实行之后,还有多余的精力。出自《学而》(1.6)。

言而有信:言出必行,说到做到。出自《学而》(1.7)。

君子自重:君子庄重才有威严。后来表示君子爱惜自己名望,不做出格的事。出自《学而》(1.8)。

慎终追远:谨慎地对待父母的去世,追念祖先。表示不忘本。出自《学而》(1.9)。

温良恭俭让:温和、善良、恭敬、节俭、谦让。表示美德;多用作谓语。如:“这人是个真君子呀,处处温良恭俭让。”出自《学而》(1.10)。

安贫乐道:安于贫苦,乐于追求真理或学问。出自《学而》(1.15)。

众星拱辰:众星围绕北极星(北辰),比喻人心归附有德者。后来又比喻一大群人簇拥着某人。如:“大明星唐跃龙一出现,记者们便众星拱辰般簇拥着他,问这问那。”出自《为政》(2.1)。

一言以蔽之:用一句话来概括。出自《为政》(2.2)。

志学之年:十五岁。出自《为政》(2.4)。

而立之年:三十岁。出自《为政》(2.4)。

不惑之年:四十岁。出自《为政》(2.4)。

知命之年:五十岁。出自《为政》(2.4)。

耳顺之年:六十岁。出自《为政》(2.4)。

随心所欲:想做什么就做什么。出自《为政》(2.4)。

人焉廋哉:这人怎么能藏得住呢?后来常表示心里所想的隐瞒不住。廋,音 sōu,隐藏。出自《为政》(2.10)。

温故知新:温习旧知识,学习新知识。出自《为政》(2.11)。

君子不器:君子博学多闻;不像器皿一般,只有一种用途。出自《为政》(2.12)。

周而不比:团结众人,而不结党营私。出自《为政》(2.14)。

学而不思则罔,思而不学则殆:只学习而不思考,就容易受骗上当;一味思考而不学习,就容易疲惫而无所得。表示学思结合的重要。罔,音 wǎng,受骗。出自《为政》(2.15)。

多闻阙疑:虽然见多识广,有不懂之处,还应存有疑问。阙,音 quē,空缺,留出,保留。出自《为政》(2.18)

见义不为:见到正义的事不去做或不敢做。出自《为政》(2.24)。

见义勇为:见到正义的事勇往直前。出自《为政》(2.24)。

是可忍,孰不可忍:恶劣到令人不能容忍。孰,音 shú,什么。出自《八佾》(3.1)。

君子之争:和谐有礼的竞争。出自《八佾》(3.7)。

获罪于天,无所祷也:做了伤天害理的事情,求神拜佛也没用。比喻罪孽深重,不可挽救。出自《八佾》(3.13)。

告朔饩羊:比喻应付敷衍。饩,音 xì,活的牲畜。出自《八佾》(3.17)。

哀而不伤:悲哀却不过分伤痛。出自《八佾》(3.20)。

成事不说:已成往事,就不去陈说它的是非了。出自《八佾》(3.21)。

既往不咎:对以往的错误,不追究责任了。咎,音 jiù,责备。出自

《八佾》(3.21)。

尽善尽美:达到了最美好的境界。出自《八佾》(3.25)。

里仁为美:住在有仁德的地方才美好。出自《里仁》(4.1)。

仁者安仁:仁人安于仁,行仁虽苦犹乐。出自《里仁》(4.2)。

造次颠沛:仓促匆忙间,颠沛流离时。出自《里仁》(4.5)。

观过知仁:观察一个人的过失,就知道他仁或不仁。出自《里仁》(4.7)。

朝闻夕死:早晨得知真理,晚上死去都可以。比喻穷尽一生追求真理,不稍间辍。出自《里仁》(4.8)。

恶衣恶食:粗劣的衣食。出自《里仁》(4.9)。

无适无莫:没有永恒的朋友,也不盲目钦羡,一切都取决于是否符合道义。出自《里仁》(4.10)。

一以贯之:众多事物看似纷繁复杂,实际上有个道理贯穿始终。出自《里仁》(4.15)。

君子喻于义,小人喻于利:君子只明白义,小人只明白利。出自《里仁》(4.16)。

见贤思齐:见到贤人,就想向他学习,向他看齐。出自《里仁》(4.17)。

劳而不怨:虽然劳苦,却不怨恨。出自《里仁》(4.18)。

游必有方:出游必有一定去处。出自《里仁》(4.19)。

一则以喜,一则以惧:既因而高兴,又因而恐惧。出自《里仁》(4.21)。

德不孤,必有邻:有道德的人不会孤单,一定会有志同道合的人来亲近他。出自《里仁》(4.25)。

乘桴浮海:驾着木簰,浮海到远方,企图远离人群而隐逸。桴,音fú,竹簰或木簰。出自《公冶长》(5.7)。

闻一知十:听到一个道理,可以联想出相关的十个道理。比喻领悟力非凡。类似“举一反三”(7.8)。出自《公冶长》(5.9)。

朽木不可雕:腐朽的木头不可雕刻。形容资质低劣并得过且过的人难以造就。出自《公冶长》(5.10)。

朽木难雕:义同“朽木不可雕”。

朽木粪土:义同“朽木不可雕”。

听其言而观其行:听到某人的话,还要考察他的行为。出自《公冶长》(5.10)。

非尔所及:不是你能做到的。出自《公冶长》(5.12)。

敏而好学:聪敏灵活,爱好学问。出自《公冶长》(5.15)。

不耻下问:不以向身份地位低的人发问为耻。出自《公冶长》(5.15)。

善与人交:善于和人打交道,善于和人交朋友。出自《公冶长》(5.17)。

三思而行:深思熟虑才去做。三,多次。出自《公冶长》(5.20)。

愚不可及:本义是说宁武子装傻的本领高强,别人赶不上。后来形容人愚笨到了极点。出自《公冶长》(5.21)。

斐然成章:富有文采。出自《公冶长》(5.22)。

不念旧恶:不记以往的仇恨。出自《公冶长》(5.23)。

肥马轻裘:生活豪华奢侈。出自《雍也》(6.4)

乘肥衣轻:义同“肥马轻裘”。

裘马轻肥:义同“肥马轻裘”。

一箪一瓢:形容生活清苦。箪,音 dān,盛饭的竹筐。出自《雍也》(6.11)

箪食瓢饮:义同“一箪一瓢”。

中道而废:做到一半就停止了,义同“半途而废”。出自《雍也》(6.12)

行不由径:不走捷径。比喻行事堂堂正正。出自《雍也》(6.14)。

殿后:行军走在最后。后来一是指做收尾工作,一是指成绩排在最末。出自《雍也》(6.15)。

文质彬彬:既文雅又朴实。后来形容男子斯文有礼。出自《雍也》(6.18)

敬而远之:尊敬某人却与他保持距离。出自《雍也》(6.22)。

先难后获:付出努力,克服困难,而后收获。出自《雍也》(6.22)。

知水仁山:智者以水为乐,仁者以山为乐。形容智者如水般清澈,仁者如山般坚强。出自《雍也》(6.23)。

乐水乐山:出处同上(6.23)。多形容各人兴趣不同。乐,音 lè,形容词意动用法,“以……为乐”的意思。

博文约礼:广泛地学习文献,再用礼节来约束。出自《雍也》《子罕》(6.27、9.11)。

博施济众:广泛地给人民以好处,帮助大家过上好生活。出自《雍也》(6.30)。

己欲立而立人,己欲达而达人:自己站得住,也使别人站得住;自己行得通,也使别人行得通。相对于“己所不欲,勿施于人”,这种态度更加积极。出自《雍也》(6.30)。

能近取譬:能够从眼前的种种小事例看出仁的真精神,然后去学习并实行仁道。出自《雍也》(6.30)。

述而不作:传述他人成说,自己并不创作。出自《述而》(7.1)。

学而不厌:精力充沛地学习,毫不厌倦。出自《述而》(7.2)。

诲人不倦:教育他人充满耐心,乐此不疲。出自《述而》(7.2)。

梦见周公:孔子一生志在实行周公的仁道,故而经常梦见周公。后来成为“睡觉”的代称。如:“他上课时常常梦见周公。”出自《述而》(7.5)。

依仁游艺:不背离仁德,而悠游于六艺之中,使身心得以陶冶。出自《述而》(7.6)

束脩：一束肉干，大约十条，入学时敬师的薄礼。脩，音 xiū，干肉。出自《述而》(7.7)。

启发：开启发掘学生的智慧。出自《述而》(7.8)。

举一反三：和"闻一知十"(5.9)意思相近，比喻领悟力强。出自《述而》(7.8)。

用行舍藏：受重用，则出来做事；不受重用，就隐居起来。出自《述而》(7.11)。

暴虎冯河：徒步搏虎，徒步涉河。比喻有勇无谋，作无谓的牺牲。冯，音 píng，徒步涉水。出自《述而》(7.11)。

临事而惧：面临大事恐惧而谨慎对待。出自《述而》(7.11)。

好谋而成：善于谋略并能成功。出自《述而》(7.11)。

从吾所好：干自己喜欢的。好，音 hào，爱好。出自《述而》(7.12)。

三月不知肉味：比喻动听的音乐使人流连而浑然不觉肉的鲜美。今常用以形容贫困常年吃不到肉。出自《述而》(7.14)。

求仁得仁：孔子赞扬伯夷、叔齐追求仁道而最终得以成仁。后常用以揄扬英雄人物为正义而献身。如："文天祥求仁得仁，死得重于泰山。"出自《述而》(7.15)。

乐在其中：陶醉于其中而自得其乐。出自《述而》(7.16)。

富贵浮云：把富贵视同浮云般遥不可及与己无关。出自《述而》(7.16)。

发愤忘食：发愤工作、学习、研究时，连饭也忘记吃。出自《述而》(7.19)。

乐以忘忧：总是快乐而忘记忧愁。出自《述而》(7.19)。

不知老之将至：浑然不知衰老就要到来。出自《述而》(7.19)。

好古敏求：爱好古代文化，勤奋敏捷去求取知识。出自《述而》(7.20)。

怪力乱神：怪异、勇力、叛乱、鬼神，比喻稀奇古怪的事物。出自

《述而》(7.21)。

择善而从:从他人身上择取优点并学习之。出自《述而》(7.22)。

躬行君子:重在实行的君子。如:“他长年在基层工作,是个躬行君子。”出自《述而》(7.33)。

君子坦荡荡,小人长戚戚:君子胸怀宽广平坦,小人总是忧虑不安。出自《述而》(7.37)。

威而不猛:威严却不凶猛。出自《述而》《尧曰》(7.38、20.2)。

故旧不遗:不遗弃老同事、老朋友。出自《泰伯》(8.2)。

人之将死,其言也善:人快要死了,说话变得友善。出自《泰伯》(8.4)。

犯而不校:遭到冒犯,却不计较。校,音 jiào,计较。出自《泰伯》(8.5)。

六尺之孤:年幼的孤儿。出自《泰伯》(8.6)。

百里之命:国家的命脉。出自《泰伯》(8.6)。

任重道远:责任重大,路途遥远。出自《泰伯》(8.7)。

死而后已:奋斗到死才算完结。出自《泰伯》(8.7)。

不在其位,不谋其政:不处在那个职位,就不操心它的政务。出自《泰伯》《宪问》(8.14、14.26)。

斯文扫地:指文化或文人不受尊重,或指文人堕落。出自《子罕》(9.5)。

天纵之圣:本义为上天推动他成为圣人。后人理解“之”的意义为“的”,这成语的意思就成了“上天推动的圣人”。出自《子罕》(9.6)。

多能鄙事:会做很多粗活,如赶大车。出自《子罕》(9.6)。

空空如也:很诚恳的样子。后来表示一无所有。出自《子罕》(9.8)。

凤鸟不至:凤凰不出现,表示天下将要不太平。出自《子罕》

(9.9)。

循循善诱:耐心而循序渐进地诱导受教者。出自《子罕》(9.11)。

欲罢不能:兴趣浓厚,想停都停不下来。出自《子罕》(9.11)。

待贾而沽:等一个好价钱卖掉。比喻坐等好的待遇或条件,才肯出来做事。贾,通“价”。出自《子罕》(9.13)。

逝者如斯:时间就像江水那样一去不返。出自《子罕》(9.17)。

不舍昼夜:日夜不停。出自《子罕》(9.17)。

功亏一篑:功败垂成,即将成功却失败了。篑,音 kuì,竹筐。出自《子罕》(9.19)。

苗而不秀:秧苗长成了,还没来得及吐穗扬花。比喻儿童资质虽好而终无所成,又比喻聪慧儿童早夭。出自《子罕》(9.22)。

秀而不实:庄稼吐穗扬花了,却没来得及灌浆结实。比喻人聪慧却终无所成,又比喻聪慧少年早夭。出自《子罕》(9.22)。

后生可畏:年轻人的成就值得敬畏。出自《子罕》(9.23)。

过勿惮改:有错误不怕改正。出自《子罕》(9.25)。

松柏后凋:松针柏叶总是最后凋落的。比喻困难时才能看出人的坚贞,所谓“时穷节乃见”。出自《子罕》(9.28)。

知者不惑:明智的人不常疑惑。出自《子罕》(9.29)。

仁者不忧:仁德的人总是乐观。出自《子罕》(9.29)。

勇者不惧:勇敢的人无所畏惧。出自《子罕》(9.29)。

食不厌精,脍不厌细:饮食很讲究。出自《子罕》(10.4)。

食不言,寝不语:吃饭时不交谈,睡觉时不说话。出自《子罕》(10.5)。

每事问:每件事情都发问。比喻求知欲强,事事都要弄清楚。出自《子罕》(10.7)。

三复《白圭》:反复吟诵《白圭》,形容言行谨慎。“白圭”为《诗经》中教人说话谨慎的诗。圭,音 guī。出自《先进》(11.6)。

未知生，焉知死：连生的道理都没弄明白，怎么会明白死的道理。出自《先进》(11.12)。

一仍旧贯：一切照旧进行，按既定方针办。出自《先进》(11.14)。

言必有中：一旦发言，必然中肯。出自《先进》(11.14)。

升堂入室：学问已经到家了。举凡造访某家，必先入门，次登堂，然后入室。以此比喻做学问的逐渐深入。又作“登堂入室”。出自《先进》(11.15)。

过犹不及：做事过头如同尚未做到一样不妥。出自《先进》(11.16)。

鸣鼓而攻：公开声讨。出自《先进》(11.17)。

亿则屡中：预测行情总是准确。比喻会做生意。亿，通“臆”。出自《先进》(11.19)。

一日之长：年龄比他人大的谦辞，如同说“痴长几岁”。出自《先进》(11.26)。

克己复礼：抑制自己，使言语行动都回复到礼所允许的范围。出自《颜渊》(12.1)。

非礼勿视：不合于礼节礼法的不去看。出自《颜渊》(12.1)。

视听言动：视觉、听觉、言论、行为，指人的一切行事。出自《颜渊》(12.1)。

己所不欲，勿施于人：自己所不喜欢的事物，不强加给别人。指设身处地为他人着想，即所谓“换位思考”。出自《颜渊》《卫灵公》(12.2、15.24)。

不忧不惧：不忧愁，不恐惧。出自《颜渊》(12.4)。

内省不疚：反躬自问，一点也不惭愧。指行事光明正大，俯仰无愧，所谓“平日不做亏心事，半夜敲门心不惊”。省，音 xǐng，反省。疚，音 jiù，内疚。出自《颜渊》(12.4)。

死生有命，富贵在天：死生交给命运，富贵全凭老天。出自《颜渊》(12.5)。

四海之内皆兄弟:天下人都犹如兄弟,朋友遍天下。出自《颜渊》(12.5)。

肤受之愬:谗言、恶意中伤的谣言。愬,同“诉”。出自《颜渊》(12.6)。

自古皆有死:自古以来谁都免不了一死。出自《颜渊》(12.7)。

民无信不立:如果人民不信任政府,国家不可能站得住。出自《颜渊》(12.7)。

驷不及舌:四匹马拉的车没有舌头说话快,意同“一言既出,驷马难追”。驷,音 sì。出自《颜渊》(12.8)。

爱之欲其生,恶之欲其死:喜爱他,就希望他活着;讨厌他,恨不得他死掉。指对某人看法不客观。正如孔子紧接着这两句所说:“既欲其生,又欲其死,是惑也。”出自《颜渊》(12.10)。

片言折狱:一般理解为根据几句话就可判定是非或判决案件。出自《颜渊》(12.12)。

成人之美:成全他人。出自《颜渊》(12.17)。

风行草偃:风向哪边吹,草向哪边倒。喻指执政者的言行,会影响百姓。偃,音 yǎn,倒伏。出自《颜渊》(12.20)。

察言观色:观察言语和脸色,以揣测对方的想法。出自《颜渊》(12.21)。

一朝之忿:一时的愤怒。出自《颜渊》(12.22)。

仁者爱人:仁者博爱他人。出自《颜渊》(12.23)。

知者知人:智者善于了解他人。第一个“知”同“智”。出自《颜渊》(12.23)。

忠告善导:忠心地劝告,好好地引导。出自《颜渊》(12.24)。

以文会友:用文章学问来聚会朋友。出自《颜渊》(12.25)。

名不正则言不顺:原意是用词不当,言语就不能顺理成章。后来指身份名位处置不当,则说话不能奏效。出自《子路》(13.3)。

名正言顺:身份名位处置得当,则说话自能奏效。出自《子路》(13.3)。

手足无措:连手脚都不晓得摆在哪里好,形容无所适从。出自《子路》(13.3)。

身正令行:当权者自己言行正确得当,不发命令,政令也能贯彻。这与《史记》所谓"桃李不言,下自成蹊"意思相近。出自《子路》(13.6)。

胜残去杀:克服残暴,免除杀戮。出自《子路》(13.11)。

一言兴邦:一句话使得国家兴盛。出自《子路》(13.15)。

一言丧邦:一句话使得国家丧亡。出自《子路》(13.15)。

言莫予违:我说任何话都没人敢违抗。比喻居上位者的专横跋扈。出自《子路》(13.15)。

近悦远来:附近的人欢悦,则远方的人来归。指为政者的举措深得民心。出自《子路》(13.16)。

欲速不达:想要迅速完成,反而达不到目的。出自《子路》(13.17)。

行己有耻:对自己的不当行为有羞耻之心。出自《子路》(13.20)。

言必信,行必果:言语一定信实,行为一定坚决。出自《子路》(13.20)。

斗筲之人:气度狭小的人。筲,音 shāo,饭筐。出自《子路》(13.20)。

和而不同:与人和睦相处,却不盲从。出自《子路》(13.23)。

易事难说:容易共事但很难讨好。说,同"悦"。出自《子路》(13.25)。

危言危行:(为了正义)敢于冒险犯难的言语行为。出自《宪问》

(14.3)。

见利思义:遇见利益要先想到是否合于道义,再决定取舍。按,《子张》作“见得思义”。出自《宪问》《子张》(14.12、19.1)。

见危授命:遇见危险敢于牺牲生命。出自《宪问》《子张》(14.12、19.1)。

久要不忘平生之言:长期艰难困顿也不忘记平日许下的诺言。要,通“约”,困顿。出自《宪问》(14.12)。

时然后言:在恰当的时候才说话。出自《宪问》(14.13)。

谲而不正:好玩手段而不正派。谲,音 jué,诡诈。出自《宪问》(14.15)。

正而不谲:正派而不好玩手段。出自《宪问》(14.15)。

被发左衽:沦为亡国奴。被,通“披”,散开。出自《宪问》(14.17)。

匹夫匹妇:普通百姓。出自《宪问》(14.17)。

以德报怨:拿恩德来回报仇怨。出自《宪问》(14.34)。

以直报怨:正直地对待自己所怨恨之人。出自《宪问》(14.34)。

不怨天,不尤人:当不如意时,既不怨恨老天,也不责备他人。出自《宪问》(14.35)。

怨天尤人:当不如意时,怨恨老天,责备他人。出自《宪问》(14.35)。

知其不可而为之:明知难以达成目的,也要努力去完成。出自《宪问》(14.38)。

修己安人:通过修养自己来安定别人。出自《宪问》(14.42)。

老不死:骂老人的话。出自《宪问》(14.43)。

俎豆之事:宗庙祭祀之事。俎(音 zǔ)、豆都是祭祀时盛祭品的容器。出自《卫灵公》(15.1)。

君子固穷:君子固然有行不通的时候〔,但仍保持节操〕。出自

《卫灵公》(15.2)。

小人穷,斯滥矣:小人行不通的时候,便无所不为。滥,音 làn,乱来。出自《卫灵公》(15.2)。

无为而治:不必劳苦受累而使得天下大治。指如不管得太死,便有利老百姓发挥聪明才智,天下因而富足太平。出自《卫灵公》(15.5)。

志士仁人:有志节有仁德的人。出自《卫灵公》(15.9)。

杀身成仁:为正义事业牺牲生命。出自《卫灵公》(15.9)。

工欲善其事,必先利其器:工匠要把事情干好,一定先要完善他的工具。出自《卫灵公》(15.10)。

人无远虑,必有近忧:一个人没有长远的考虑,忧患必定近在眼前。出自《卫灵公》(15.12)。

躬自厚而薄责于人:多责备自己而少责备别人。出自《卫灵公》(15.15)。

无如之何:无可奈何,没有办法。出自《卫灵公》(15.16)。

言不及义:尽说些无聊的、毫不涉及道义的话。出自《卫灵公》(15.17)。

好行小慧:喜欢玩弄小聪明。出自《卫灵公》(15.17)。

没世无名:终其一生都籍籍无名。没,音 mò。出自《卫灵公》(15.20)。

群而不党:合群但不拉帮结派。出自《卫灵公》(15.22)。

不以人废言:不因人坏而废弃他说的好话。出自《卫灵公》(15.23)。

小不忍,则乱大谋:孔子原意为小小的仁慈,往往会败坏大事情。后来指小事不能忍耐,便会败坏大事情。出自《卫灵公》(15.27)。

君子谋道不谋食:君子谋划仁道,不谋划衣食。出自《卫灵公》(15.32)。

君子忧道不忧贫:君子忧虑仁道不推行,不忧虑衣食无着。出自《卫灵公》(15.32)。

当仁不让:仁德当前,义无反顾而不谦让。出自《卫灵公》(15.36)。

贞而不谅:君子追求真理一往无前,却未必在小事上处处守信。出自《卫灵公》(15.37)。

有教无类:人人都教育,没有〔贫富、地域等〕区别。出自《卫灵公》(15.39)。

道不同,不相为谋:所追求的不同,便不一道共事。出自《卫灵公》(15.40)。

陈力就列:将自己的能力显示出来,然后到与这种能力相称的岗位上工作。出自《季氏》(16.1)。

不患寡而患不均:不必担心衣食太少,只需担心分配不平均。出自《季氏》(16.1)。

既来之,则安之:原意为招徕之人来后,要安顿之使之安心。今指已经来了,就要安心。出自《季氏》(16.1)。

分崩离析:土崩瓦解。出自《季氏》(16.1)。

祸起萧墙:灾祸发生在内部。出自《季氏》(16.1)。

直谅多闻:正直,守信,见多识广。出自《季氏》(16.4)。

血气方刚:气血正旺。出自《季氏》(16.7)。

生而知之:天生聪明智慧。出自《季氏》(16.9)。

困而学之:遇到困境再去学习。出自《季氏》(16.9)。

困而不学:遇到困境也不学习。出自《季氏》(16.9)。

见善如不及:遇见善良,好像赶不上趟似的紧追不舍。出自《季氏》(16.11)。

见不善如探汤:遇见邪恶,好比手就要挨到沸水般赶紧避开。出自《季氏》(16.11)。

趋庭之教:接受父亲的教育。又作“趋庭受教”。出自《季氏》(16.13)。

不学礼,无以立:不学礼,没法立足社会。出自《季氏》(16.13)。

岁不我与:岁月不饶人。出自《阳货》(17.1)。

性相近,习相远:各人的本性都相差不远,只因所受的影响不同,才拉开了距离。出自《阳货》(17.2)。

上知下愚:上等的智者和下等的愚人。知,同“智”。出自《阳货》(17.3)。

弦歌之声:弹琴唱歌的声音。后指教育活动。出自《阳货》(17.4)。

割鸡焉用牛刀:大材小用,小题大做。出自《阳货》(17.4)。

磨而不磷:坚硬的东西磨也磨不薄。比喻意志坚定的人能抵御环境的诱惑。磷,音 lìn,薄。出自《阳货》(17.7)。

涅而不缁:洁白的东西染也染不黑。比喻意志坚定者出污泥而不染。涅,音 niè,用作黑色染料的一种矿物,这里是“染黑”的意思。缁,音 zī,黑。出自《阳货》(17.7)。

系而不食:只能够挂在那里而不给人吃。比喻中看不中用。系,音 jì,挂着。出自《阳货》(17.7)。

兴观群怨:诗歌的四种功能:借景抒情,观察世俗,相互切磋,抨击时政。出自《阳货》(17.9)。

面墙而立:面朝墙壁而站着,比喻目无所见,无知。出自《阳货》(17.10)。

色厉内荏:脸色严厉,内心却怯懦。荏,音 rěn,软弱。出自《阳货》(17.12)。

穿窬之盗:挖洞跳墙的小偷。窬,音 yú,翻墙。出自《阳货》(17.12)。

道听途说:听到小道消息便四处传播。出自《阳货》(17.14)。

患得患失:没得到的时候,害怕会得到;已经得到,又害怕会失去。指对个人得失斤斤计较。出自《阳货》(17.15)。

恶紫夺朱:憎恶紫色夺去了大红色的光彩和地位。紫夺朱,比喻邪恶的势头盖过了正义。出自《阳货》(17.18)。

钻燧改火:打火用的燧木又经过了一个轮回。古代钻木取火,一年一轮回。燧,音 suì,燧木。出自《阳货》(17.21)。

饱食终日,无所用心:每天吃饱了撑着,既不劳力,也不劳心。出自《阳货》(17.22)。

往者不可谏,来者犹可追:过去的事不可劝止,未来的事还能赶上。出自《微子》(18.5)。

鸟兽不可与同群:不可以同鸟兽合群共处,指不能脱离人类社会,隐居山林。出自《微子》(18.6)。

四体不勤,五谷不分:四肢不劳动,五谷分不清。出自《微子》(18.7)。

降志辱身:降低志向,辱没身份。出自《微子》(18.8)。

无可无不可:没有什么可以,也没有什么不可以。现在常指不表明自己的态度,或没有主见。出自《微子》(18.8)。

日知其所亡,月无忘其所能:每天学习所未知的,每月复习所掌握的。亡,通"无"。出自《子张》(19.5)。

博学笃志:广泛地学习,坚守自己的志向。笃,音 dǔ,坚守。出自《子张》(19.6)。

文过饰非:对错误加以掩饰。文,音 wèn,文饰。出自《子张》(19.8)。

小德出入:小节上稍微放松一点。出自《子张》(19.11)。

学而优则仕:原意是指学习之余,有空闲便去做官。优,优游,闲暇。今常指学习成绩优秀因而得以做官。出自《子张》(19.13)。

仕而优则学:做官之余,有空闲便去学习。出自《子张》(19.13)。

哀矜勿喜：抱着同情的态度，不以此为乐。矜，音 jīn，怜悯。出自《子张》（19.19）。

恶居下流：厌恶处于低下的地位。恶，音 wù，厌恶。出自《子张》（19.20）。

不得其门而入：找不到门路。常指学习不得法，或求职无门。出自《子张》（19.23）。

生荣死哀：活着时荣耀，去世了令人悲哀。用以称颂德高望重的死者。出自《子张》（19.25）。

兴灭继绝：复兴灭绝的国家，承续断绝的后代。出自《尧曰》（20.1）。

惠而不费：利人而不损己。今常指商品好而价格实惠。出自《尧曰》（20.2）。

慢令致期：发布命令迟缓，又要求限期完成。出自《尧曰》（20.2）。

说明：一、本表的词条大多采自中华书局《中华文化基础教材》（上）的《附录》。删去的数条，主要是原来出自《诗经》者，如“战战兢兢”“不忮不求”；又增加了约40条。特此说明，以示不敢掠美云。二、本表与《〈论语〉中的名言名句》有少许重复，如“君子坦荡荡，小人长戚戚”“日知其所亡，月无忘其所能”。这是由于“熟语”与“名言名句”本来就难以截然划分的缘故，不妨并存之。

《论语》中的名言名句

1.1 学而时习之,不亦说乎?

1.1 有朋自远方来,不亦乐乎?

1.2 君子务本,本立而道生。

1.3 巧言令色,鲜矣仁!

1.4 吾日三省吾身。

1.8 君子不重则不威。

1.16 不患人之不己知,患不知人也。(4.14 不患莫己知,求为可知也。14.30 不患人之不己知,患其不能也。15.19 君子病无能焉,不病人之不己知也。)

2.4 三十而立,四十而不惑,五十而知天命,六十而耳顺,七十而从心所欲,不逾矩。

2.10 视其所以,观其所由,察其所安。

2.11 温故而知新,可以为师矣。

2.12 君子不器。

2.14 君子周而不比,小人比而不周。

2.15 学而不思则罔,思而不学则殆。

2.17 知之为知之,不知为不知。

2.22 人而无信,不知其可也。

2.24 见义不为,无勇也。

3.13 获罪于天,无所祷也。

3.21 成事不说,遂事不谏,既往不咎。

4.1 择不处仁,焉得知?

4.2 仁者安仁,知者利仁。

4.3 唯仁者能好人,能恶人。

4.5 富与贵,是人之所欲也;不以其道得之,不处也。

4.8 朝闻道,夕死可矣。

4.9 士志于道,而耻恶衣恶食者,未足与议也。

4.14 不患无位,患所以立。

4.16 君子喻于义,小人喻于利。

4.17 见贤思齐焉,见不贤而内自省也。

4.19 父母在,不远游。

4.21 父母之年,不可不知也。一则以喜,一则以惧。

4.22 言之不出,耻躬之不逮也。

4.24 君子欲讷于言而敏于行。

4.25 德不孤,必有邻。

5.10 朽木不可雕也,粪土之墙不可杇也。

5.10 始吾于人也,听其言而信其行;今吾于人也,听其言而观其行。

5.15 敏而好学,不耻下问。

5.19 未知,焉得仁?

5.20 三思而后行。

5.26 老者安之,朋友信之,少者怀之。

6.4 君子周急不继富。

6.18 质胜文则野,文胜质则史。文质彬彬,然后君子。

6.20 知之者不如好之者,好之者不如乐之者。

6.21 中人以上,可以语上也;中人以下,不可以语上也。

6.22 仁者先难而后获。

6.23 知者乐水,仁者乐山。

6.23 知者动,仁者静。

6.23 知者乐,仁者寿。

6.26 君子可逝也，不可陷也；可欺也，不可罔也。

6.27 君子博学于文，约之以礼。

6.30 己欲立而立人，己欲达而达人。（12.2、15.24 己所不欲，勿施于人。）

7.2 学而不厌，诲人不倦。

7.6 志于道，据于德，依于仁，游于艺。

7.8 不愤不启，不悱不发。举一隅不以三隅反，则不复也。

7.11 暴虎冯河，死而无悔者，吾不与也。必也临事而惧，好谋而成者也。

7.12 富而可求也，虽执鞭之士，吾亦为之。如不可求，从吾所好。

7.14 子在齐闻《韶》，三月不知肉味。

7.16 饭疏食，饮水，曲肱而枕之，乐亦在其中矣。不义而富且贵，于我如浮云。

7.19 发愤忘食，乐以忘忧，不知老之将至。

7.22 三人行，必有我师焉；择其善者而从之，其不善者而改之。

7.37 君子坦荡荡，小人长戚戚。

8.4 鸟之将死，其鸣也哀；人之将死，其言也善。

8.6 可以托六尺之孤，可以寄百里之命，临大节而不可夺。

8.7 士不可以不弘毅，任重而道远。

8.8 兴于《诗》，立于礼，成于乐。

8.14 不在其位，不谋其政。（14.26 同）

8.17 学如不及，犹恐失之。

9.4 毋意，毋必，毋固，毋我。

9.11 仰之弥高，钻之弥坚。瞻之在前，忽焉在后。

9.11 夫子循循然善诱人，博我以文，约我以礼。

9.14 君子居之，何陋之有？

9.17 逝者如斯夫！不舍昼夜。

9.19 譬如为山，未成一篑，止，吾止也。譬如平地，虽覆一篑，进，吾往也。

9.23 后生可畏，焉知来者之不如今也？

9.26 三军可夺帅也，匹夫不可夺志也。

9.28 岁寒，然后知松柏之后凋也。

9.29 知者不惑，仁者不忧，勇者不惧。（14.28 仁者不忧，知者不惑，勇者不惧。）

10.4 食不厌精，脍不厌细。

10.5 食不语，寝不言。

11.12 未能事人，焉能事鬼？

11.12 未知生，焉知死？

11.14 夫人不言，言必有中。

11.16 过犹不及。

12.1 克己复礼为仁。一日克己复礼，天下归仁焉。

12.1 非礼勿视，非礼勿听，非礼勿言，非礼勿动。

12.2 己所不欲，勿施于人。（15.24 同）

12.4 君子不忧不惧。

12.5 死生有命，富贵在天。君子敬而无失，与人恭而有礼。四海之内，皆兄弟也！

12.7 自古皆有死，民无信不立。

12.17 君子成人之美，不成人之恶。

12.20 君子之德风，小人之德草。

12.23 举直错诸枉，能使枉者直。

12.24 忠告而善道之，不可则止，毋自辱焉。

12.25 君子以文会友，以友辅仁。

13.3 名不正，则言不顺；言不顺，则事不成。

13.6 其身正，不令而行；其身不正，虽令不从。

13.13 不能正其身,如正人何?

13.20 言必信,行必果。

13.20 斗筲之人,何足算也?

13.22 人而无恒,不可以作巫医。

13.23 君子和而不同,小人同而不和。

13.26 君子泰而不骄,小人骄而不泰。

14.2 士而怀居,不足以为士矣。

14.4 有德者必有言,有言者不必有德。仁者必有勇,勇者不必有仁。

14.7 爱之,能勿劳乎?忠焉,能勿诲乎?

14.10 贫而无怨难,富而无骄易。

14.12 见利思义,见危授命。(19.1 士见危致命,见得思义。)

14.20 其言之不怍,则为之也难。

14.23 君子上达,小人下达。

14.24 古之学者为己,今之学者为人。

14.27 君子耻其言而过其行。

14.33 骥不称其力,称其德也。

14.35 不怨天,不尤人。

15.2 君子固穷;小人穷,斯滥矣。

15.8 可与言而不与之言,失人;不可与言而与之言,失言。知者不失人,亦不失言。

15.9 志士仁人,无求生以害仁,有杀身以成仁。

15.10 工欲善其事,必先利其器。

15.12 人无远虑,必有近忧。

15.15 躬自厚而薄责于人。

15.17 群居终日,言不及义,好行小慧,难矣哉!

15.20 君子疾没世而名不称焉。

15.21 君子求诸己，小人求诸人。

15.22 君子矜而不争，群而不党。

15.23 君子不以言举人，不以人废言。

15.27 小不忍，则乱大谋。

15.28 众恶之，必察焉；众好之，必察焉。

15.29 人能弘道，非道弘人。

15.30 过而不改，是谓过矣。

15.31 吾尝终日不食，终夜不寝，以思，无益，不如学也。

15.32 君子谋道不谋食。

15.32 君子忧道不忧贫。

15.34 君子不可小知而可大受也，小人不可大受而可小知也。

15.36 当仁，不让于师。

15.37 君子贞而不谅。

15.39 有教无类。

15.40 道不同，不相为谋。

15.41 辞达而已矣。

16.1 不患寡而患不均，不患贫而患不安。

16.1 既来之，则安之。

16.1 吾恐季孙之忧，不在颛臾，而在萧墙之内也。

16.4 益者三友，损者三友。友直，友谅，友多闻，益矣。友便辟，友善柔，友便佞，损矣。

16.5 益者三乐，损者三乐。乐节礼乐，乐道人之善，乐多贤友，益矣。乐骄乐，乐佚游，乐晏乐，损矣。

16.6 言未及之而言谓之躁，言及之而不言谓之隐，未见颜色而言谓之瞽。

16.7 君子有三戒：少之时，血气未定，戒之在色；及其壮也，血气方刚，戒之在斗；及其老也，血气既衰，戒之在得。

16. 11 见善如不及，见不善如探汤。

16. 13 不学礼，无以立。

17. 1 日月逝矣，岁不我与。

17. 2 性相近也，习相远也。

17. 4 割鸡焉用牛刀？

17. 9 小子何莫学夫诗？诗，可以兴，可以观，可以群，可以怨。迩之事父，远之事君；多识于鸟兽草木之名。

17. 12 色厉而内荏，譬诸小人，其犹穿窬之盗也与？

17. 13 乡愿，德之贼也。

17. 14 道听而途说，德之弃也。

17. 19 天何言哉？四时行焉，百物生焉。

17. 22 饱食终日，无所用心，难矣哉！

19. 4 虽小道，必有可观者焉；致远恐泥，是以君子不为也。

19. 5 日知其所亡，月无忘其所能。

19. 6 博学而笃志，切问而近思。

19. 7 百工居肆以成其事，君子学以致其道。

19. 8 小人之过也必文。

19. 11 大德不逾闲，小德出入可也。

19. 13 仕而优则学，学而优则仕。

19. 24 仲尼不可毁也。他人之贤者，丘陵也，犹可逾也；仲尼，日月也，无得而逾焉。人虽欲自绝，其何伤于日月乎？多见其不知量也。

“崇文国学经典”书目

诗经
周易
道德经
左传
论语
孟子
大学 中庸
庄子
孙子兵法
吕氏春秋
山海经
史记
楚辞
黄帝内经
三国志
古诗十九首 汉乐府选
世说新语
茶经
资治通鉴
容斋随笔
了凡四训
徐霞客游记
菜根谭
小窗幽记
古文观止
浮生六记
三字经 百家姓 千字文 弟子规
声律启蒙 笠翁对韵
格言联璧
围炉夜话